Gerechtigkeit, Gleichheit, Freiheit und Vernunft

Jürgen Ritsert

Gerechtigkeit, Gleichheit, Freiheit und Vernunft

Über vier Grundbegriffe der politischen Philosophie

Jürgen Ritsert
Frankfurt am Main
Deutschland

ISBN 978-3-658-00558-0 ISBN 978-3-658-00559-7 (eBook)
DOI 10.1007/978-3-658-00559-7

Die Deutsche Nationalbibliothek verzeichnet diese Publikation in der Deutschen Nationalbibliografie; detaillierte bibliografische Daten sind im Internet über http://dnb.d-nb.de abrufbar.

Springer VS
© Springer Fachmedien Wiesbaden 2012
Das Werk einschließlich aller seiner Teile ist urheberrechtlich geschützt. Jede Verwertung, die nicht ausdrücklich vom Urheberrechtsgesetz zugelassen ist, bedarf der vorherigen Zustimmung des Verlags. Das gilt insbesondere für Vervielfältigungen, Bearbeitungen, Übersetzungen, Mikroverfilmungen und die Einspeicherung und Verarbeitung in elektronischen Systemen.

Die Wiedergabe von Gebrauchsnamen, Handelsnamen, Warenbezeichnungen usw. in diesem Werk berechtigt auch ohne besondere Kennzeichnung nicht zu der Annahme, dass solche Namen im Sinne der Warenzeichen- und Markenschutz-Gesetzgebung als frei zu betrachten wären und daher von jedermann benutzt werden dürften.

Gedruckt auf säurefreiem und chlorfrei gebleichtem Papier

Springer VS ist eine Marke von Springer DE. Springer DE ist Teil der Fachverlagsgruppe Springer Science+Business Media.
www.springer-vs.de

Vorbemerkung

Über die vier Begriffe „Gerechtigkeit", „Gleichheit", „Freiheit" und „Vernunft" ist natürlich seit buchstäblich uralten Zeiten unüberschaubar viel nachgedacht, gesagt und geschrieben worden. Sie stellen schon gar kein Thema dar, das allein den gegenwärtigen Varianten der politischen Philosophie vorbehalten bliebe. Im Gegenteil: Seit frühen Zeiten sind sie sogar fest in die geschichtlichen Bestrebungen, Zielsetzungen und Strategien vieler Menschen im Alltagsleben ebenso wie in ihre alltagsweltlichen Sprachspiele eingelassen. Selbst das ausdrückliche Streben nach „Freiheit" stellt mithin kein reines Privileg der modernen Zeiten „freiheitlicher Gesellschaften" dar, wobei die spezifisch „bürgerlichen" Freiheitsvorstellungen von den Entwicklungen in der bürgerlichen Gesellschaft der Neuzeit selbst natürlich nicht unberührt blieben. Ideen einer gerechten und vernünftigen Sozialordnung sowie der Freiheit von Menschen tauchen schon z.B. im Zusammenhang mit dem Begriff *societas civilis* auf, der eben *nicht* einfach mit „(moderne) bürgerliche Gesellschaft" zu übersetzen ist (nicht einmal bei Jean Jacques Rousseau!), sondern seit der Antike bis zu Beginn der Neuzeit auf Fragen eines „vernünftigen" Zusammenlebens von „Freien" überhaupt gerichtet sein kann. (Wer immer auch in einem System sozialer *Ungleichheiten* jeweils zu den „Freien" gerechnet wurde oder wer nicht). Selbstverständlich sind die historisch verfügbaren Stellungnahmen (nicht nur) zu den vier ausgewählten Schlüsselbegriffen der politischen Philosophie alles andere denn homogen – und dies nicht nur deswegen, weil sich die Zeiten geändert haben, zu denen der eine oder andere Vorschlag zu ihrer Interpretation gemacht wurde. Es gibt und gab – um nur dieses Beispiel aufzugreifen – Vorstellungen von „Gerechtigkeit", die sich zur gleichen Zeit und/oder im Verlauf der Zeiten bis hin zur strikten Gegensätzlichkeit voneinander unterschieden haben und weiterhin unterscheiden. In dem Ausmaß, in dem sie beispielsweise in die politische Zielsetzungen von sozialen Bewegungen eingegangen sind, kann daher das mit ihnen verbundene Verständnis der eigenen Problemlage und das Bestreben, zum Beispiel mehr an „Freiheit" zu gewinnen, ihre Anhänger zu äußerst scharfen und gewiss nicht bloß verbalen Konflikten mit Vertretern einer anderen Vorstellung von „Freiheit" anstacheln. Das kennen wir doch? Das kennen wir doch genauso gut wie die Strategie bestimmter Vertreter von Herrengewalten, sich auf „die Freiheit" zu berufen, um die Unterdrückung „der Freiheit" von Mägden und Knechten in ihren jeweiligen historischen Rollen zu rechtfertigen. Wenn die Geschichte jedoch auf all diese Weisen in das Bedeutungsfeld von Kategorien hineinspielt, sind sie dann angesichts der Verschiedenheit, wenn nicht der Gegensätzlichkeit ihres jeweiligen Verständnisses überhaupt noch vergleichbar? Gibt es trotz allem Ideensysteme dieser Art, die zu verschiedenen Zeiten einander mindestens „familienähnlich" sind, sich mithin trotz aller Unterschiede und Gegensätze zwischen ihnen dennoch als Theorien z.B. über *Gerechtigkeit* und nicht als Theorien über was ganz anderes, rein Zeitgebundenes verstehen lassen? Ich gehe bei meinen Stichworten davon aus, dass dies der Fall ist! Das Problem besteht dann eher darin, wie man die Aussagen über „Familienähnlichkeiten" (Wittgenstein) mit denen über historische Differenzen und Gegensätzen zwischen den normativen „Ideen", welche in den vier Kategorien jeweils stecken, zusammen bekommt. *Fiat Iustitia* – das ist jedenfalls ein Gebot, das nicht nur der neuzeitliche Rechtsstaat kennt. „Gerechtigkeit ist nicht etwas an und für sich Seiendes, sondern ein im Umgang miteinander an jeweils beliebigen Orten abgeschlossener Vertrag, einander nicht zu schädigen und sich nicht schädigen zu lassen." Diese Aussage des Epikur (341-270/271 v.u.Z!) enthält einen zentralen *gerechtigkeitstheoretischen* Lehrsatz, der den Begriff des „Vertrages" zum Dreh- und Angelpunkt erhebt. Berücksichtigt man überdies Aussagen wie die, „jede Freundschaft" sei zwar „um ihrer selbst willen zu wählen", nehme aber dennoch „beim Nutzen" ihren Anfang, dann werden nutzenorientierte, also utilitaristische Grundlagen *dieser* Gerechtigkeitstheorie deutlich.[1] Die utilitaristische Ethik stellt also ebenfalls keine *reine* Erfindung der Neuzeit dar, wenngleich die Begründung des modernen Utilitarismus nicht zuletzt durch Jeremy Bentham (1748-1832) und John Stuart Mill (1806-1873) zu Varianten des utilitaristischen Denkens geführt haben, die zu den Strukturen und Prozessen der sich entwickelnden „freiheitlichen Wirtschaftsordnung" des modernen Kapitalismus und seiner Herrschaftsordnung passen. Sie haben nicht zuletzt jene Inhalte der neo-klassischen Nationalökonomie gefördert, welche als „Neo-Liberalismus" eine inzwischen allerdings durch die Wirtschaftskrisen der jüngsten Vergangenheit stark angekratzte Kulturhegemonie erreicht haben.

Ich kann und will mit den vorliegenden Stichworten keine erschöpfenden Informationen über die Geschichte der vier Kategorien geben. Da wären Leserinnen und Leser spätestens nach dem zwölften Band mindestens so erschöpft wie die Mittel und Möglichkeiten eines Verlags oder der Festplatte im PC. Ja, nicht einmal ein etwas mehr in die „Tiefe" und Details gehender „Überblick" über den sog. „gegenwärtigen Stand

---

1 Epikur. Briefe. Sprüche. Werkfragmente, Stuttgart 1980, S. 77 (Lehrsatz XXXIII) und S. 85 (Weisung 23).

der Diskussion" wird hier angestrebt. Es ist ja ohnehin (und trivialerweise) immer nur eine perspektivische Strategie der Darstellung und noch beim detailreichsten Vorgehen eine Auswahl der Materialien unausweichlich. Das erlaubt einem vom ritualisierten Blindenführergestus oder akademischen Abgrenzungsritualen geplagten Kritiker allemal die in der Tat abschließende Feststellung zu treffen, es sei (für ihn) Wesentliches übersehen und noch Wesentlicheres einfach vergessen worden. *Sic est mundus academicus.* Aber das alles befreit einem gerade dann, wenn man nur auf Stichworte aus ist, wahrlich nicht von der Aufgabe, etwas genauer zu sagen, wie Auswahl und Perspektive – wenigstens der Absicht nach – aussehen sollen:

1. Es soll eine möglichst kompakte und dennoch nachvollziehbare Darstellung erreicht werden. Das – so hoffe ich – ist bei solchen hoch komplexen Begriffen wie die vier ausgewählten vielleicht doch kein *völlig* aussichtsloses Unterfangen.
2. Es gibt scharfe Gegensätze zwischen den einzelnen Gerechtigkeits-, Gleichheits-, Freiheits- und Vernunftvorstellungen im Alltag und/oder im systematischen Nachdenken über diese normativen Bestimmungen. Das eine oder andere Beispiel dafür wird ausgewählt.
3. Dennoch sind diese Prinzipien keineswegs „historisch relativ" und ihre Spielarten „völlig inkommensurabel". Sind also nicht an die begrenzten Orte und Zeiten gebunden, in denen sie in scheinbar nicht zu vereinbarenden Ausprägungen auftreten (können). Sie sind aber genau so wenig als „übergeschichtlich" ansehen, also nicht so zu behandeln, als bliebe ihr Gehalt als „Ewigkeitswert" von jeder geschichtlichgesellschaftlichen Veränderung unberührt. Im Gegenteil: Sie werden auf dem Hintergrund neuer gesellschaftlicher Erfahrungen und Entwicklungen revidiert, präzisiert, differenziert, aber genauso oft im Herrschaftsinteresse umgeformt, trivialisiert, für partikulare Zwecke funktionalisiert, in ihren Einflusschancen reduziert usf. Gleichwohl, so lautet die Annahme, sind die vielfältigen Variationen in einigen Perspektiven vergleichbar. Man kann zu verschiedenen Zeiten von verschiedenen *Gerechtigkeits*theorien sprechen. Wie mit dieser Vergleichbarkeit *logisch* umzugehen ist, das ist die Frage: Schnittmenge der Bedeutungen? „Familienähnlichkeit" im Sinne von Ludwig Wittgenstein? „Vermittlung der Gegensätze in sich" im Sinne von Hegel und Adorno? Das alles sind wissenschaftslogische Probleme, die ich bestenfalls am Rande erwähnen kann. Ihre Behandlung fällt letztendlich in das Gebiet der Logik historischer Darstellungen.

4. Einen besonderen logischen Akzent setze ich stattdessen auf die Transformation der klassischen Substantive „die Gerechtigkeit", „die Gleichheit", „die Freiheit", „die Vernunft" in *Prädikationen*, also in Urteile, deren einfachste Form darin besteht, einem Sachverhalt (mindestens) eine Eigenschaft zuzuschreiben. „Die *Einkommensverteilung* (Subjekt des Urteils) in unserer Gesellschaft ist *ungerecht* (Prädikat des Urteils)." Insofern geht es nicht um „die Gerechtigkeit" etc., sondern um Urteile des Typus „x ist gerecht", „x ist gleich y", „"x ist frei" und „x ist vernünftig", wobei natürlich Negationen wie „x ist ungerecht" etc. die gleiche syntaktische Struktur aufweisen.

5. Es wird dazu noch zu zeigen versucht, dass die 4 Kategorien auch in einem mehr oder minder engen Zusammenhang *untereinander* stehen. Das lässt sich besonders gut im Ausgang von der Idee der „Gerechtigkeit" zeigen, weswegen sie an den Anfang des Sortiments gestellt wurde. Die Betonung ihres Zusammenhangs – natürlich auch mit Begriffen wie „Recht" oder „Moral" – ist Ausdruck eines Verständnisses von politischer Philosophie als *philosophia practica universalis* (Chr. Wolff), als einer allgemeinen praktischen Philosophie, die trotz aller unverzichtbaren Arbeitsteilung des Denkens darum bemüht ist, über die Grenzen von Fächern wie Politikwissenschaft, Ökonomie, Soziologie und Sozialpsychologie hinweg zu denken. Die klassischen Rechtsphilosophien von Kant oder Hegel weisen diesen Charakter noch ausdrücklich auf. Man muss sich nicht als Enzyklopädist aufspielen, um sich dennoch über etablierte Fachbornierung hinwegsetzen zu können. Das hat andererseits seinen Preis. Zum Beispiel den, dass man mit vollem Recht bemängeln kann, dass in diesem Text z.B. der empirische Zusammenhang der Begriffe mit der jeweiligen gesellschaftlichen Wirklichkeit, worin sie Funktion und Bedeutung haben, sehr allgemein erwähnt und eher am Rande behandelt wird.

Jürgen Ritsert					Frankfurt/M 2012

Inhalt

Vorbemerkung 5
1 **Gerechtigkeit** 11
2 **Gleichheit** 37
3 **Freiheit** 61
4 **Vernunft** 93

Indeks

Gerechtigkeit[2]   1

Drei elementare Spielarten des Gerechtigkeitsbegriffes.

Bei Aristoteles gilt derjenige Mensch als *gerecht,* welcher 1. die Gesetze und 2. die „bürgerliche Gleichheit" achtet, wobei er im Falle von „Gleichheit" vor allem an die „gleichmäßige Verteilung der Güter" denkt (NE 104 f.). Damit werden zwei elementare Typen von Gerechtigkeit benannt: 1. *Die Regelgerechtigkeit* und 2. die *Verteilungsgerechtigkeit.* Berücksichtigt man zudem Marx und seine Kritik der politischen Ökonomie, dann scheint es äußerst sinnvoll, noch einen dritten Typus einzubeziehen: 3. *Die Aneignungsgerechtigkeit.*

Ad 1: Unter *Regelgerechtigkeit* scheint Aristoteles so viel wie die Gesetzestreue zu verstehen. Als „gerecht" wären demnach all diejenigen zu belobigen, welche sich an die allgemein geltenden Regeln und Gesetzesbestimmungen halten. Gerechtigkeit hat in diesem Falle die Bedeutung einer handlungsleitenden Haltung, Einstellung oder Gesinnung der Person. Der Gedanke der Regelgerechtigkeit wirft allerdings ein Problem auf, das Aristoteles selbst ganz klar sieht. Er bearbeitet es auf eine Weise, welche die abendländische Diskussion über Gerechtigkeit äußerst nachhaltig beeinflusst hat: Jemand kann regelgerecht handeln und dennoch Unrecht begehen, wenn die Normen, Werte und Kriterien, woran er sich orientiert, ihrerseits ungerecht sind. Dieser Hinweis setzt jedoch die Möglichkeit eines kritischen Urteils über die Qualität des jeweils empirisch geltenden (positiven) Rechts und damit Maßstäbe voraus, die nicht an bestimmte geschichtliche Räume und Zeiten gebunden sind. Deswegen sagt Aristoteles im Hinblick auf das Recht des griechischen Stadtstaates: „Das Polisrecht ist teils Natur-, teils (positives = historisch gesatztes J.R.) Gesetzesrecht. Das Naturrecht hat überall dieselbe Kraft der Geltung und

---

[2] Dieses Kapitel entspricht den unveröffentlichten Seminarmaterialien 24 (Ffm 2012). Vgl. auch J. Ritsert: Gerechtigkeit und Gleichheit, Münster 1997.

ist unabhängig von Zustimmung oder Nicht-Zustimmung (der Menschen)" (NE 118 f.). Schon damit wird die historisch durchgängige Debatte über das Verhältnis zwischen universellem Naturrecht und positivem, historisch verschiedenartigem und vergänglichem Recht angestoßen. „Die Gesetze sind insofern positiv, als sie ihre Bedeutung und Zweckmäßigkeit in den *Umständen,* somit nur einen historischen Wert überhaupt haben, deswegen sind sie auch vergänglicher Natur." Aber es ist und bleibt sinnfällig: „Dieser Unterschied (zwischen philosophischem Recht und positivem Recht – J.R.), der sehr wichtig und wohl festzuhalten ist, ist zugleich sehr einleuchtend; eine Rechtsbestimmung kann sich aus den *Umständen* und *vorhandenen* Rechts-Institutionen als vollkommen *gegründet* und *konsequent* zeigen lassen und doch an und für sich unrechtlich und unvernünftig sein …" (RPh § 3; Herv. i. Org.).

Ad 2: Bei der Verteilungsgerechtigkeit geht es um Maßnahmen, Verfahren, Mechanismen oder Prozesse, die für die gerechte Distribution von Gütern und Leistungen sowie von Rechten und Pflichten sorgen (sollen). Wenn über Gerechtigkeit geredet oder gestritten wird, steht oftmals die Verteilungsgerechtigkeit im Mittelpunkt, von der ausgehend ebenso oft direkte Verbindungslinien zur normativen Idee der *Gleichheit* gezogen werden. Die Art dieser Verbindung kann man sich anhand der – ebenfalls schon bei Aristoteles auftauchenden – Unterscheidung zwischen zwei elementaren Typen der Verteilungsgerechtigkeit klar machen. Unterschieden wird die (a) *kommutative Gerechtigkeit* von der (b) *distributiven Gerechtigkeit.*

(2a): Die kommutative wird auch als *ausgleichende Gerechtigkeit* bezeichnet. Und zwar wird ein Ausgleich gesucht, bei dem niemand mehr oder weniger von x bekommt. Kommutative Gerechtigkeit verlangt also exakte Gleichverteilung. Jeder, der einen Anspruch hat, soll mit *genau den gleichen Anteilen* an Vorteilen oder Lasten bedacht werden. Es gilt so gesehen das Prinzip der *arithmetischen Gleichheit.* Bei der Torte vom Dienst lässt sich so etwas bewerkstelligen. Aber es gibt natürlich zahlreiche Fälle, in denen es schlicht und einfach physisch nicht möglich ist, etwas in genau gleiche Teile zu zerstückeln und dann den berechtigten Empfängern zuzuteilen. Auch Aristoteles' Idee des „meson", des mittleren Maßes lässt sich damit in Zusammenhang bringen: „Mittleres Maß" hat nichts mit Mittelmaß angesichts von Leistungserwartungen zu tun.

Gemeint ist vielmehr die Einhaltung des rechten Maßes (NE 111 ff.).³ Es soll die Mitte zwischen zwei Extremen wie dem Geiz einerseits, der Verschwendungssucht andererseits gesucht und gelebt werden. M.a.W.: Es geht um Ausgewogenheit, auch wenn sich die Mitte nicht immer gleichsam mit Hilfe einer Waage exakt ausbalancieren lässt. Bei einer echten Balance läge das *arithmetisch gleiche* Gewicht auf jeder der Waagschalen und die dementsprechend zugeteilte Portion wäre im kommutativen Sinne „gerecht". Zum normativen Kern der kommutativen Gerechtigkeit gehört mithin die Idee der *exakten* oder – wie Michael Walzer sagt – *einfachen Gleichheit*. Die Anspruchsberechtigten erhalten im idealen Falle pro Kopf den exakt gleichen Anteil, wenn es sich machen lässt. In der Fassung der kommutativen Gerechtigkeit als „ausgleichende" Gerechtigkeit wird oftmals auch an das Idealbild eines Austausches von Äquivalenten, also von Gleichem gegen Gleiches gedacht. Wenn Gleiches gegen Gleiches exakt abgegolten wird, geht es allem Anschein nach gerecht zu. Deswegen spricht Thomas Hobbes auch von „austauschender Gerechtigkeit": „Wenn hierbei (beim Tausch – J.R.) Gleiches gegen Gleiches gegeben wird, so entsteht, wie man sagt, die kommutative oder austauschende Gerechtigkeit."⁴

(2b): Bei der distributiven Gerechtigkeit sieht das anders aus. „Distributive Gerechtigkeit" kann Verteilungsgerechtigkeit im Allgemeinen meinen. Denn „distributio" bedeutet im Latein die Verteilung (oder Einteilung). So gelesen bedeutet auch die kommutative Gerechtigkeit einen speziellen Fall der distributiven Gerechtigkeit überhaupt. *Distributive Gerechtigkeit im engeren Sinn* bedeutet demgegenüber die Verteilung von Gütern, Diensten und Rechten je nach den vorhandenen *Meriten* von Personen und/ oder Gruppen. Das „meritum" versteht sich im Latein als der Verdienst, den sich jemand zum Beispiel durch seine Amtsführung erworben hat. „Verdienst" ist somit *nicht* einfach mit der heute üblichen Selbstverständlichkeit mit dem „wohlverdienten" Geldeinkommen aufgrund beruflicher Leistungen gleichzusetzen. „Meriten" bedeuten verschiedenartige *Verteilungsdimensionen,* auf denen verschiedene Personen verschiedene Positionen einnehmen können. Eine fest in den Überbau der modernen bürgerlichen Gesellschaft

---

3 Vgl. J. Ritsert: Gerechtigkeit und Gleichheit, Münster 1997, S. 21 ff. Man muss im Grunde den deskriptiven vom normativen Gleichheitsbegriff unterscheiden. Man kann wertfrei feststellen, dass z.B. zwei Stöcke *gleich lang* sind. Normativ kann man für die *Gleichheit* der Entlohnung bei gleicher Leistung plädieren. Vgl. dazu J. Ritsert: Schlüsselprobleme der Gesellschaftstheorie, Wiesbaden 2009, S. 146 ff.
4 Thomas Hobbes: Vom Menschen – Vom Bürger, Hamburg 1959, S. 101.

eingebaute Achse des Verdienstes stellt gewiss die *Leistung* dar. Von den mitunter erheblichen Problemen der Leistungsmessung abgesehen: Würden die Leute tatsächlich je nach ihrer erbrachten Leistung bezahlt, so wäre das gerecht. (Doch man schaue sich z.B. die Differenzen zwischen Frauen- und Männerlöhnen an). Uns erscheint das heute jedenfalls als viel gerechter denn eine Verteilung von Vorteilen je nach der Herkunft, wie dies in klassischen Adelsgesellschaften der Fall war. Aristoteles verwendet das griechische Wort „axia". Dieses wird als „meritum" ins Latein übersetzt. „Axia" bedeutet ebenfalls Verdienst, Würdigkeit und Wert. Doch die Verteilung von Vorteilen und/oder Lasten je nach der Stellung von Individuen oder Gruppen auf einer Achse der Meriten weist einen Haken auf: Je „höher" die Stellung eines Individuums auf einer der Achsen der Würdigkeit ist, desto mehr sollte ihm von den begehrten Gütern, Leistungen und Erlaubnissen zuteilwerden. Je höher die Leistung, desto höher die Entlohnung – das erscheint als gerecht. (Die Umkehrung dieser Aussage – so belegen es auf drastische Weise die Börsenzocker und Bonusjäger der Gegenwart – gilt überhaupt nicht!). Gemessen am kommutativen Prinzip der Gleichverteilung ist jedoch Ungleichheit (der Entlohnung etwa) das Resultat. Aufgrund seiner höheren Leistung wird jemandem ein höherer Geldverdienst gewährt als anderen. Doch *diese* Erscheinungsform von sozialer Ungleichheit wird normalerweise nicht als ungerecht empfunden. Die bekannte politische Forderung: „Gleicher Lohn für gleiche Leistung" liefert nur das halbe Bild. Denn zu ergänzen ist: „Ungleicher Lohn für ungleiche (einfachere oder schlechtere) Arbeit." Die Verteilungsregeln sind in diesem Falle natürlich komplizierter als bei der einfachen Tortengleichheit. Es muss proportional zu den schwer zu bestimmenden Verdiensten der einzelnen Person zugeteilt und/oder belastet werden. Deswegen wird in diesem Falle auch von *geometrischer Gleichheit* gesprochen.

Ad 3: Jeder an der Erhaltung seiner Existenz interessierte Mensch – diese Binsenweisheit sei gewagt – muss sich das für seinen Lebensunterhalt Notwendige zu Eigen machen können. Was für das Leben des einzelnen Menschen, seiner Familie, seiner Gruppe „notwendig" sei, unterliegt allerdings nicht nur historischer Veränderungen aufgrund der Steigerung der gesellschaftlichen Produktivkräfte, sondern ist ebenfalls kaum völlig exakt zu messen. Das gilt selbstverständlich auch für das physische Existenzminimum, das je nach der Art der überhaupt zugängigen Güter gleichermaßen historischen Wandlungen unterliegt. Die Sozialstatistik der Gegenwart versucht beispielsweise, eine „Armutsgrenze" festzulegen, deren Unterschreitung genau so

1 Gerechtigkeit

möglich und wirklich ist, wie die Unterschreitung des physischen Existenzminimums, die sich nicht zuletzt in Hungernöten äußert.[5] Wie immer die Messlatten im Einzelnen aussehen und wie sie funktionieren mögen, der Gedanke, dass es den Menschen möglich sein muss, sich das für die Erhaltung ihres Lebens mindestens auf dem bisherigen Niveau Notwendige zu eigen zu machen, führt ebenfalls bis in die Antike zurück. Zur Abwechslung mal nicht zu Aristoteles, sondern zu dem römischen Rechtsgelehrten und Politiker Domitius Ulpianus (170-223) (MS 344). Denn eines der Gebote des Ulpian lautet: *Suum cuique tribue* – „Lasse jedem das Seine zuteilwerden". Kant, der auf die logische Ungereimtheit aufmerksam macht, dass man jemandem nicht das zuteilen kann, was er als das Seine schon hat, übersetzt die Formel so: „*Tritt* in einen Zustand, worin jedermann das (des) Seine(n) gegen jeden anderen gesichert sein kann" (MS 344). Das klingt zunächst nach einer Bestandsgarantie für vorhandenes Eigentum. Jeder soll sich seines Besitzstandes sicher sein? Man darf aber vielleicht auch so übersetzen: „Jedem soll das für seinen Lebensunterhalt Notwendige zuteilwerden." Denn „tribuere" bedeutet im Latein auch „zuteilen"! D.h.: Jeder soll sich das *zu eigen* machen können, was für sein Leben notwendig ist. Das ist gerecht! In diesem Falle geht es um *Aneignungschancen*, also um die Möglichkeiten von Individuen und Gruppen, durch Zwecktätigkeiten die für den Lebensunterhalt notwendigen Mittel überhaupt erst zu erwerben. Davon ist die *Appropriation* zu unterscheiden. Damit ist das Gegenteil, die macht-, wenn nicht gewaltgestützte Inbesitznahme (Bemächtigung) der Arbeitskraft und/oder Arbeitsergebnisse der Knechte und Mägde durch die Herren (aufgrund vor allem ihrer Verfügungsgewalt über die Produktionsmittel) gemeint. Das ist ungerecht – gemessen an dem Maßstab, dass die Unterdrückung des freien Willens anderer und damit die Verletzung ihrer Würde grundsätzlich Unrecht und Ungerechtigkeit zugleich darstellt (Kant).[6]

---

5 Als grobes Maß für die Armutsgrenze werden in der BRD gegenwärtig 60% des mit Hilfe des Medians (nicht des arithmetischen Mittels!) gemessenen Nettoeinkommens angesetzt. 2007 lag dieser Satz für Singles bei 764 € und für ein kinderloses Ehepaar bei 1376 €.
6 Vgl. dazu ausführlicher J. Ritsert: Schlüsselprobleme der Gesellschaftstheorie, a.a.O.; S. 160 ff.

Das Gerechtigkeitsurteil.

Unter einem „Gerechtigkeitsurteil" können Urteile des folgenden elementaren Typus verstanden werden: „X ε g"[7] bzw. „Xg". X bedeutet verschiedene Sachverhalte, denen wir umgangsssprachlich die Eigenschaft „g" = „gerecht" zuschreiben. Es ist klar, wo nun das Problem liegt: Welche Phänomene lassen sich nach den Regeln der Alltagssprache (oder nach deren kritischen Analyse, d.h.: nach den Regeln einer gerechtigkeitstheoretischen Wissenschaftssprache) zulässigerweise an der Variablenstelle „X" einzusetzen und welche verschiedenen Bedeutungen kann das Eigenschaftswort „gerecht" an der Prädikatstelle des Urteils annehmen? Die folgenden Fälle sind uns geläufig:

(1) X kann die Gesinnungen, Haltungen und Einstellungen einzelner Personen oder Gruppen betreffen. So stellen wir etwa fest: Das ist ein gerechter Mensch! Er übt Gerechtigkeit (*Personale Gerechtigkeit*).

(2) X kann Taten und Handlungen von Personen oder Gruppen meinen. Die legitimen Verdienste, die sich jemand durch seine Handlungen erworben und die angemessenen Belohnungen, die er dafür erhalten hat, gehören zu diesem Typus der *Handlungsgerechtigkeit*.

(3) X kann sich auf die historische Macht- und Herrschaftsordnung beziehen. Die Ungerechtigkeiten, die durch Zwänge, wenn nicht durch Gewaltanwendung aufgrund der Verfügung über Machtpositionen und Machtmittel entstehen, werden dann zum Gegenstand kritischer Beurteilung (*Ungerechtigkeit als Repression*). Von anderer Art sind allerdings Urteile über *wohlverdiente Einflusschancen*.

(4) X kann auf ökonomische Phänomene zielen. Dann geht es vor allem um *Aneignungs-* und *Verteilungsgerechtigkeit* bei der Produktion und/oder Distribution von Gütern und Diensten.

(5) An der Stelle X können auch überindividuelle Verfahren oder Abläufe stehen. Dann wird beispielsweise von einem „gerechten" Urteil nach einem „gerechten" Verfahren gesprochen.

(6) Auch Kollektivgebilden wie Organisationen, komplexen sozialen Strukturen und Prozessen, der gesellschaftlichen Grundordnung oder der umfassenden

---

7 Das ist die überlieferte, heute nicht mehr übliche Schreibweise für ein Urteil (eine Eigenschaftszuschreibung). „ε" bedeutet „ist" = „hat die Eigenschaft." Das wird heutzutage als „Fx", irgendein x hat die Eigenschaft F angeschrieben.

Rechtsordnung, schließlich dem gesamten Zustand eines Gemeinwesen wird oftmals die Eigenschaft „gerecht" zu- oder abgesprochen.
Das sind gewiss nicht alle Beispiele, die man zusammenstellen könnte. Von ähnlicher Vielfalt sind auch die Bedeutungsmöglichkeiten des Prädikates „gerecht". Das Eigenschaftswort „gerecht" kann z.B. auf folgende Weisen verstanden werden:

- „Gerecht" liest sich als „geltenden Normen, Regeln und Kriterien gerecht" (Aristoteles).
- „Gerecht" bedeutet das Gleiche wie „ausgewogen", also „ohne Extreme" bedacht oder behandelt (Aristoteles).
- „Gerecht" bedeutet so viel wie: „zu exakt gleichen Anteilen verteilt" (Aristoteles, Hobbes u.v.a.).
- „Gerecht" bedeutet: „je nach den erworbenen Verdiensten zugeteilt" (Aristoteles, Hobbes u.v.a.).
- „Gerecht" versteht sich als „den Prinzipien des universellen Naturrechts" entsprechend (Vernunftrechtstradition).
- „Gerecht" bedeutet so viel wie „fair" (J. Rawls; B. Barry).
- Als „gerecht" kann das einverständige Ergebnis einer vernünftigen und herrschaftsfreien Beratung der Mitglieder einer Gemeinschaft über zu treffende Maßnahmen angesehen werden (B. Barry; J. Habermas).
- „Gerecht" ist die „rationale" Ordnung menschlicher Beziehungen; womit natürlich alles am Rationalitätsbegriff und seinen Spielarten hängt.
- „Gerecht" ist diejenige Haltung, welche die Würde (den freien Willen) anderer Subjekte anerkennt, insoweit diese nicht ihrerseits auf die Unterdrückung freier Willensäußerungen aus sind (Kant). Denn Recht, Moral und Gerechtigkeit bestehen „darin, dass jeder Einzelne von dem anderen als ein freies Wesen respektiert (anerkannt – J.R.) und behandelt werde ..." (WW 4; 232). (Anerkennungsgerechtigkeit).
- „Gerecht" ist eine allgemeine soziale Ordnung in dem Grade, wie sie diesem Prinzip der wechselseitigen Achtung des freien Willens nahe kommt (Kants „Reich der Zwecke").
- Ähnlich: „Gerecht" ist eine soziale Grundordnung dann, wenn jedermann über das gleiche „Recht auf größte Freiheit" verfügt, „sofern sie mit der gleichen Freiheit für alle vereinbar ist" (J. Rawls; ETG 81).

- Als „gerecht" kann eine gesellschaftliche Grundordnung bewertet werden, wenn und insoweit soziale und wirtschaftliche Ungleichheiten so beschaffen sind, dass sie (a) „den am wenigsten Begünstigsten den größtmöglichen Vorteil bringen" und (b) „mit Ämtern und Positionen" verbunden sind, die allen gemäß ihrer Chancengleichheit offenstehen" (ETG 336).
- „Gerecht" sind gesellschaftliche Verhältnisse, in denen die soziale Stellung in einer Lebenssphäre (in einem Subsystem) *nicht* maßgeblich über die Stellung in anderen Lebenssphären entscheidet. Denn „kein soziales Gut X sollte ungeachtet seiner Bedeutung an Männer und Frauen, die im Besitz eines anderen Gutes Y sind, einzig und allein deshalb verteilt werden, weil sie dieses Y besitzen" (GaF 81). Demnach weist die klassische Formel „Wer hat, dem wird gegeben" in der Tat auf eine schreiende Ungerechtigkeit hin (M. Walzer).
- „Gerecht" sind Individuen, die eine *unparteiliche* Haltung an den Tag legen; „Gerecht" sind Institutionen und/oder allgemeine gesellschaftliche Ordnungsprinzipien, die *unparteiliche* Maßnahmen, Verfahren und Abläufe sicher stellen (B. Barry).
- „Gerecht" sind Beziehungsmuster zwischen Personen und/oder gesellschaftliche Verhältnisse, die aufgrund der Interessenlage der Akteure von beidseitigem Vorteil (Nutzen) sind und/oder das Glück einer größtmöglichen Zahl von Menschen garantieren (J. Bentham, V. Pareto und zahllose andere Wirtschaftswissenschaftler).

Ich gehe erneut nicht davon aus, diese Liste sei vollständig. Sie wirft jedoch so oder so ein schwerwiegendes logisches Problem auf: Das Substantiv „die Gerechtigkeit" wurde in die klassische Form eines logischen Urteils mit Subjekt und Prädikat gebracht. „X ist gerecht" (Xg). Die Negation dieses Urteils lautet natürlich: „X ist ungerecht" ($\neg$Xg). Es ist nach meiner Auffassung äußerst sinnvoll, dieses Verfahren auf auch auf andere Schlüsselbegriffe der politischen Philosophie wie vor allem: „Rationalität" (Xr), „Freiheit" (Xf) oder „Gleichheit" (x=y) anzuwenden. Auf diesem Wege werden jedoch die klassischen Kategorien aufgesplittert und die Frage entsteht, wieso es sich im Einzelfall zumindest um „familienähnliche" Varianten von Urteilen z.B. über *Gerechtigkeit* und nicht um etwas ganz anderes handelt. Daher fragt Jürgen Habermas mit Fug nach der „Einheit der Vernunft in der Vielfalt ihrer Stimmen", worin die verschiedenartigen Vernunfturteile Xr bzw. $\neg$Xr zersprengt sind.[8] Worin besteht die Einheit der Idee der *Gerechtigkeit* in

---

8 Vgl. J. Habermas: Nachmetaphysisches Denken. Philosophische Aufsätze, Frankfurt/M 1988, S. 153 ff.

der Vielfalt der möglichen Interpretationen von Subjekt *und* Objekt im Falle elementarer Gerechtigkeitsurteile? Antworten auf diese gute Frage hängen von selbst wieder verschiedenartigen, gleichwohl sich in vielen Hinsichten überschneidenden Gerechtigkeitstheorien und ihren unterschiedlichen Gewichtungen all jener Dimensionen ab, welche im Begriff „der Gerechtigkeit" gemeinhin zusammengezogen werden. Einige Beispiele für gerechtigkeitstheoretische Grundpositionen werden hier kurz umrissen:

Gerechtigkeitstheorien I: Gerechtigkeit als Fairness.

Es macht bei allen Diskussionen über Gerechtigkeit einen guten Sinn, drei typische Aussagenebenen auch im Hinblick auf Fairness auseinander zu halten. Das Prädikat „fair" kann sich (a) auf denkende und handelnde Personen beziehen. Dann schreiben wir den Individuen bestimmte Haltungen, Einstellungen und Handlungsmuster zu. „Er hat eine faire Haltung gegenüber seinem Kontrahenten angenommen." – „Seine Entscheidung war ausgesprochen fair." Zum Sinngehalt *dieses* Fairnessbegriffes gehört die Idee, dass eine Person trotz aller sich bietenden Gelegenheiten auf den Versuch verzichtet, jemanden über das Ohr zu hauen. Sie verzichtet etwa auf die Möglichkeit, Vorteile gegenüber anderen aus möglichen Regelverletzungen zu ziehen und/oder räumt ihnen sogar Rechte und Anteile an irgendwelchen Sachverhalten ein, obwohl sie sie bequem daran hindern könnte. Der Fußballer verhält sich „fair", wenn er den durchbrechenden Gegenspieler trotz der absehbaren Nachteile für seine Mannschaft nicht einfach umnietet. So gesehen verkörpert „Fairness" eine Tugend des Subjekts. (b) Auf einer zweiten Ebene können Institutionen (als Verfahren) und Organisationen (als soziale Gebilde) zum Gegenstand einer Bewertung als „fair" oder „unfair" werden. Vor Gericht sollte jeder Angeklagte wenigstens der Idee nach – die Realität sieht gewiss ganz anders aus, wie die Korrelation zwischen Geldbesitz und günstigem Urteil im Gerichtsalltag beweist – im Verfahren gegen ihn ohne Ansehen all seiner für die Rechtsprechung im gegebenen Falle irrelevanten persönlichen Merkmale die gleiche Chance haben, „zu seinem Recht zu kommen" (Fairer Prozess). (c) Es gibt darüber hinaus aber Gelegenheiten, wobei wir das Eigenschaftswort „fair" sogar auf gesamtgesellschaftliche Strukturen und Prozesse anwenden. Man denke etwa an das „Marktgeschehen": Wirtschaftliche Beziehungen und allgemeine Abläufe könnten dann als „fair" gelten, wenn Käufer und Verkäufer (z.B.) nicht daran interessiert oder genötigt wären, einander über das Ohr zu hauen, sich zu „übervorteilen". Es ist daher kein Zufall, dass schon Aristoteles Beziehungen des Gebens und Nehmens zwischen

Personen und Gruppen, das „proportionale Vergelten" (Reziprozität), als Prinzip einer gerechten Ordnung des menschlichen Zusammenlebens begründen will. „Die proportionale Vergeltung ist es, die Zusammenhalt des Gemeinwesens gewährleistet" (NE 113). Gegenseitigkeiten sind nicht gleich Austauschhandlungen auf Märkten! Es gibt Geben und Nehmen ohne Marktprozesse und -institutionen. Doch der Tausch, bei dem – einem von Marx entzauberten Anschein nach – Gleiches gegen exakt Gleiches getauscht würde (Äquivalenzprinzip), wäre an sich gerecht.

Als gerechtigkeitstheoretischer Grundbegriff ist „Fairness" ebenfalls eng mit der Kategorie der *Gleichheit* verwoben. Denn „fair" zu handeln, kann auch heißen, gleiche Fälle gleich zu behandeln. So soll vor Gericht ein Urteil ohne Ansehen der Person gesprochen werden. Oder es wird jedem, der nach bestimmten gleichheitsrelevanten Kriterien als „bedürftig" gelten kann, der *gleiche* Anteil an Sozialhilfe zugeteilt oder gestrichen (kommutative Gleichheit). Selbst die Streichung scheint so gesehen „fair" zu sein. Denn nach dem Prinzip der „segmentalen Gleichheit" (D. Rae) werden die einzelnen Mitglieder einer Grundgesamtheit bestimmten interessierenden Merkmalen gemäß in Subgruppen eingeteilt und jede einzelne Person innerhalb der relevanten Untergruppe der Population – wenn möglich – nach den Prinzipien der arithmetischen Gleichheit völlig gleich behandelt.[9] Aber ist diese Maßnahme in allen Fällen auch gerecht? Nicht nur im Rahmen der Gerechtigkeitstheorie von John Rawls lautet die Antwort natürlich: Nein! Rawls hat sein Hauptwerk von 1971: „Eine Theorie der Gerechtigkeit" überarbeitet und 2001 in einem „Neuentwurf" zusammengefasst, der nicht zufällig die Überschrift: „Gerechtigkeit als Fairness" trägt.[10] Der *erste Grundsatz* seiner Theorie der Gerechtigkeit weist auf ein Prinzip gerechten Zusammenlebens hin, das die einzelnen Akteure in einem herrschaftsfreien Ausgangszustand ihrer gesellschaftlichen Entwicklung (u.a.) dann vereinbaren und akzeptieren würden, wenn sie ihren Status in einem späteren System

---

9 Vgl. D. Rae: Equalities, Cambridge Mass. 1981 ff., S. 20 ff. Neben der "segmentalen" erwähnt Rae auch noch die „blockbezogene" Gleichheit. In diesem Falle richtet sich das Gleichheitsgebot auf Menschen gleichsam „en bloc". Personen verkörpern eine bestimmte Kategorie – z.B. „Frauen" oder „Männer". Bestimmte Maßnahmen beziehen sich auf „gleiche Weise" auf den bloc, während jedoch *innerhalb* des jeweiligen Typus deutliche „Ungleichheiten" bestehen können – nicht zuletzt nach Prinzipien der „geometrischen Gleichheit". Wären die *Unterschiede* zwischen den Löhnen nicht am Geschlecht festgemacht, dann könnte immer noch eine differentielle Entlohnung je nach Leistung innerhalb des gleichbehandelten Blocks der „Männer und Frauen" als „gerecht" empfunden werden.

10 J. Rawls: Gerechtigkeit als Fairness. Ein Neuentwurf, Frankfurt/M 2003.

1 Gerechtigkeit

sozialer Ungleichheit gleichsam unter einem „Schleier des Nichtwissens" (Rawls) überhaupt nicht absehen könnten (vgl. ETG 36 f.). Dann muss man ja die Möglichkeit einkalkulieren, dass man unter Umständen später ganz „unten" landet. In einer Version sagt der erste Rawlssche Grundsatz aus, die an einer gemeinsamen Praxis beteiligten Individuen müssten die größtmögliche Freiheit genießen können, „sofern sie mit der gleichen Freiheit für alle vereinbar ist" (vgl. ETG 81). Vielleicht ist es angesichts des hiermit ohnehin anklingenden Rechtsprinzips Immanuel Kants besser, zu sagen, jeder müsse die größtmögliche Freiheit genießen können, solange er seine Freiheiten nicht dazu benutzt, die Freiheit anderer in seinem eigenen Interesse mit Machtmitteln, wenn nicht mit Gewalt einzuschränken und zu unterdrücken? Der *zweite Grundsatz* wird auch das „Differenzprinzip" genannt. Er besagt in seiner bekanntesten Version einerseits, soziale und wirtschaftliche Ungleichheiten müssten – wie immer sie zustande gekommen sind und warum sie überhaupt fortbestehen – so gestaltet werden, dass sie den „am wenigsten Begünstigsten den größtmöglichen Vorteil bringen" (ETG 336). So gesehen müsste man beispielsweise die sich gegenwärtig immer weiter auftuende Schere zwischen Arm und Reich ein Stück weit zu schließen versuchen, um gerechtere Verhältnisse herbeizuführen.. Hinzu kommt andererseits ein Prinzip der Chancengleichheit: Das System der sozialen und ökonomischen Unterschiede und Ungleichheiten muss mit „Ämtern und Positionen verbunden sein, die allen gemäß fairer Chancengleichheit offenstehen" (ebd.). Nochmals: Blockbezogene Gleichheit kann im Lichte dieser Maximen praktiziert werden und dennoch ungerecht sein. Die Streichung des gleichen Sozialhilfebetrages bei allen Bedürftigen ist ungerecht, wenn zugleich (z.B.) die Boni der Börsenzocker munter erhöht werden. (Das soll es ja jüngst gegeben haben. Die „Leistung" der letzteren steht ohnehin in keinem legitimierbaren Verhältnis zu ihren Aktivitäten). Insofern können durchaus auch Gegensätze zwischen „Gleichbehandlung ohne Ansehen der Person" bzw. „unter Verzicht auf möglichen Vorteil" und der Gerechtigkeit auftreten.

Es gibt Passagen, in denen für Rawls „faire" Verhältnisse vorliegen, wenn und insoweit sie den beiden Grundsätzen seiner Gerechtigkeitstheorie entsprechen. Dann erscheint auch eine Institution als „fair" und gerecht, wenn sie den beiden Grundsätzen der Gerechtigkeitstheorie möglichst nahe kommt (vgl. ETG 133). Bei dieser Gelegenheit legt er einen „Grundsatz der Fairness" fest: „Er besagt, dass jemand verpflichtet ist, sich gemäß den Regel einer Institution zu verhalten, wenn zwei Bedingungen erfüllt sind: erstens, dass die Institution gerecht (fair) ist, d.h. den beiden Grundsätzen der Gerechtigkeit entspricht; zweitens, dass man freiwillig ihre Vorteile annimmt oder die von ihr gebotenen Möglichkeiten der Förderung seiner Interessen ausnützt" (ETG 133). Die zweite Bedingung klingt deswegen etwas verwirrend, weil sie das reine Eigeninteresse zu rechtfertigen scheint. Doch Rawls denkt wahrscheinlich eher an die unabdingbare Inanspruchnahme von Freiheitsrechten und Freiheitsspielräumen, die durch faire Institutionen eröffnet werden müssen. Oftmals zeichnen sich deutliche Parallelen zwischen Rawls' Konzept der „Fairness" und philosophischen Schlüsselthesen der Kantischen Rechtsphilosophie ab. Bei Kant lautet die rechtsphilosophische Schlüsselthese, eine jede Handlung sei recht und gerecht, wenn die freien Willensäußerungen eines Subjekts „mit jedermanns Freiheit nach einem allgemeinen Gesetze zusammen bestehen kann"(MS 337). Rawls führt als „Grundgedanken" an, wenn sich Menschen nach Regeln vereinigen und damit ihre Freiheit der Willkür beschränken müssen, dann hätten diejenigen, welche „sich diesen Beschränkungen unterwerfen, ein Recht darauf, dass das auch die anderen tun, die Vorteil davon haben" (ETG 133). „Fairness" zielt in diesem Falle offensichtlich auf den Ausgleich der Freiheitsansprüche der einzelnen Subjekte. In letzter Instanz greift aber auch Rawls auf den semantischen Kern des alltagssprachlichen Verständnisses von „Fairness" zurück: „Parteien halten eine Praxis gewöhnlich dann für fair, wenn keiner das Gefühl hat, er oder einer der anderen werde durch Beteiligung daran übervorteilt oder werde dazu genötigt, Ansprüchen nachzugeben, die nicht als legitim empfunden werden" (GaF 57).

Gerechtigkeitstheorien II: Gerechtigkeit als Unparteilichkeit.

„Fairness" und „Unparteilichkeit" zählen zweifellos zu den Hauptdimensionen moderner Gerechtigkeitstheorien. Sie stellen Kategorien dar, die sich in einigen Hinsichten überschneiden, in anderen voneinander abheben. Nicht nur vor Gericht tritt mitunter die Situation ein, dass jemand darüber entscheiden muss, was wohl mit einer anderen Person oder mit Gruppen anzufangen sei, die völlig andere Interessen aufweisen als die jeweils entscheidende Instanz. Als „fair" gilt eine Maßnahme oder ein Urteil (u.a.) dann, wenn der Widerpart genauso wie alle anderen Personen behandelt wird, die sich in der gleichen Lage befinden. Keiner wird bevorzugt, keiner wird benachteiligt. Die Frage nach der „Unparteilichkeit" eines Akteurs stellt sich auf eine vergleichbare Weise vor allem in Situationen, in denen ein *von der eigenen Befindlichkeit der Entscheidungsinstanz unbeeinflusster* Entschluss im Angesicht ganz verschiedenartiger

1 Gerechtigkeit

Probleme und Interessen ebenso verschiedenartiger Parteien gefasst werden muss. Da sollte keiner irgendeine Bevorzugung erfahren: „Die Gerechtigkeit bedeutet jene strengste Forderung nach Unparteilichkeit, bei der alle eigenen, aber von den anderen verschiedenen Vorlieben, Ideale und Wertvorstellungen als Urteilskriterium ausgeschlossen sind."[11] Bei seinem Urteil über die Aktionen anderer Personen müsste demnach jemand die eigenen Vormeinungen, Vorurteile, Neigungen und Abneigungen, Interessen, Ziel- und Wertvorstellungen völlig ausklammern. Er dürfte mithin im Prinzip allein das berücksichtigen, was zur Beurteilung der problematischen „Sache selbst" relevant ist.[12] „Unparteilichkeit" erscheint damit als eine Haltung von Subjekten, die in Problemlagen urteilen und sich entscheiden müssen. Gefordert wird eine völlig sachliche, die relevanten Fakten abwägende Haltung. Es wird also verlangt, die urteilende Partei solle frei von allen Verquickungen ihrer Entscheidungen mit eigenen Urteilen und Vorurteilen, individuellen Präferenzen und Interessen allein auf die *tatsächliche* Struktur des Problems sowie auf die gegebenen Möglichkeiten seiner Bearbeitung Rücksicht nehmen.[13] Aber geht das überhaupt so einfach? Abgesehen davon, dass *niemandem* die eigenen Befindlichkeiten allesamt und völlig bewusst zur Verfügung stehen, wird auch niemand völlig einschränkungslos „aus seiner Haut heraus können." Man muss die Forderung wohl etwas enger fassen: Es dient zweifellos der Gerechtigkeit, wenn eine urteilende und entscheidende Partei bestimmte Interessen anderer mit aller Sorgfalt berücksichtigt und abwägt. Es dient darüber hinaus der Gerechtigkeit, wenn sie *bestimmte* ihrer Vormeinungen, Präferenzen und Interessen so weit wie möglich aus dem Spiel lässt. Und das heißt: Sie übt wirklich konsequente Unparteilichkeit, wenn sie Abstand von allen Strategien nimmt, sich mit ihrem Urteil oder ihrer Entscheidung den partikularen Interessen der anderen anzudienen und anzupassen, weil diese entweder im Einklang mit den eigenen Sonderinteressen agieren oder gar über die Macht und das Drohpotential verfügen, einem erhebliche Unannehmlichkeiten zu bereiten. So etwas ist eher machbar! „Unparteilichkeit" in Gestalt des „rein sachlichen Vorgehens" schließlich bedeutet, sich angesichts einer tatsächlich

---

11 E. Höffe: Politische Gerechtigkeit. Grundlegung einer kritischen Philosophie von Recht und Staat, erw. Ausgabe, Frankfurt/MK 2002, S. 83.

12 Zum Begriff der „Sache selbst" bei Hegel vgl. J. Ritsert: Moderne Dialektik und die Dialektik der Moderne, Münster 2011, S. 77 ff.

13 Vgl. J. Ritsert: Theorie praktischer Probleme. Marginalien zum „Gemeinspruch": Das mag in der Theorie richtig sein, taugt aber nicht für die Praxis! (Kant), Wiesbaden 2012.

bestehenden Problemlage primär auf die Struktur des Problems sowie auf die Aussichten erfolgreicher Problembearbeitung zu konzentrieren, anstatt die Anpassung der eigenen Praxis an die mit Druckpotential versehenen Forderungen anderer zu betreiben. Dieses Vorgehen kann, ja muss sehr wohl mit persönlichem Engagement und Leidenschaft sowie auf dem Boden persönlicher Tugenden wie „Wahrheitsliebe" etc. gewählt werden.

Unparteilichkeit betrifft nicht nur eine innere Einstellung von Personen, sondern stellt auch ein Gebot für deren Umsetzung in der Praxis im Angesicht *der tatsächlichen Präferenzen bzw. Interessen* anderer Personen und Gruppen dar. Dabei kommt die Norm der Gleichheit erneut ins Spiel: Nicht nur von den einzelnen Personen, sondern auch von einer Reihe allgemeiner gesellschaftlicher Normen, Regeln und Kriterien wird gefordert, sie müssten die Interessen von Adressaten auf die *gleiche* Weise berücksichtigen. Nur dann könne eine daran orientierte Einzelmaßnahme als „unparteilich" gelten. Dementsprechend heißt es auch, Gerechtigkeitsurteile würden „aus der Perspektive der Unparteilichkeit gefällt, d.h. eine moderne Moral muss die Interessen aller in gleicher Weise berücksichtigen".[14] Diese Aussage kann sehr leicht in die Irre führen. Wenn wir das Problem *objektiver Interessen,* also die Frage nach Interessen ausklammern, die in der Tat *alle* Menschen verfolgen *sollten,* dann lässt sich die so definierte Unparteilichkeit gar nicht praktizieren. Aus einem einfachen Grunde nicht, mit dem sich schon die Ethik Kants intensiv auseinandergesetzt hat: In einer Gesellschaft wie gerade die der Moderne, worin eine große Vielfalt, Vagheit und Heterogenität, wenn nicht Gegensätzlichkeit der Bedürfnisse und Neigungen sowie der Stile der Lebensführung herrscht, kann kein unparteiischer Mensch jemals die tatsächlichen Interessen *aller* anderen auf die *gleiche* Weise behandeln. Sollte Unparteilichkeit angesichts dieser Gegebenheiten stattdessen in dem bestehen, was „Interessenausgleich" (etwa durch Kompromiss) genannt wird, dann geht auch diese Rechnung nicht völlig reibungslos auf. Denn es gibt z.B. macht- und gewaltgestützte Interessen von Menschen, die wir *nicht* auf die gleiche Weise behandeln und „ausgleichen" wie andere, sondern energisch zurückweisen, ohne deswegen als „parteilich" und „ungerecht" gescholten zu werden.

Brian Barry vertritt eine Gerechtigkeitstheorie, die ausdrücklich von der „Anerkennung einer irreduziblen Vielfalt substantieller Vorstellungen des Guten" ausgeht und zugleich dem Gebot der Unparteilichkeit eine zentrale Stellung im Rahmen der

---

14 St. Liebig/H. Lengfeld (Hrsg.): Interdisziplinäre Gerechtigkeitsforschung. Zur Verknüpfung empirischer und normativer Perspektiven, Frankfurt/M 2002., S. 58.

Gerechtigkeitstheorie beimisst (JaI). Er sucht nach Regeln gerechten Vorgehens, die sich aufgrund von Verfahren, Beratungen und Abwägungen durch die Beteiligten als „eine faire Auflösung von Konflikten zwischen verschiedenen Vorstellungen vom Guten", also angesichts verschiedener und/oder gegensätzlicher Bedürfnisse, Neigungen und Interessen der Akteure ausweisen lassen (JaI 82). „Fair" bedeutet in diesem Falle, dass die Menschen – ähnlich wie im Falle der Habermasschen Diskursethik – zu Beginn eines Diskurses, worin sie über derartige Regeln befinden, *nicht* darauf aus sind, für ihre eigenen Vorstellungen vom guten Leben und vom persönlichen Glück ein Privileg zu erzielen oder sie gar mit allen Mitteln durchzudrücken. Damit liest sich „unparteilich" wohl so: In einer solchen idealisierten Beratung genießt die Glücksvorstellung eines jeden Einzelnen zunächst die *gleiche* Chance, in einen auf Einverständnis zielenden Diskussionsprozess zur Vereinbarung gerechter Prinzipien ihres Lebenszusammenhangs einbezogen zu werden. Dieser Diskurs muss sich zudem durch „Herrschaftsfreiheit" (Habermas) auszeichnen. Die Beteiligten müssen einem Ergebnis frei, ungezwungen zustimmen können. Bei Barry findet sich dazu die merkwürdige Anmerkung, eine Theorie der Gerechtigkeit als Unparteilichkeit verfüge über kein Verfahren, um Handlungsergebnisse an einem gemeinsamen Maßstab zu messen. Merkwürdig klingt das deswegen, weil die im Diskurs vereinbarten normativen Prinzipien selbstverständlich dazu dienen, das Zulässige vom Unzulässigen, das Gerechte vom Ungerechten zu unterscheiden. Das soll eine Theorie der Gerechtigkeit ja doch wohl leisten. Wenn jedoch gemeint sein sollte, es gäbe weder ein völlig eindeutiges Verfahren, noch ein homogenes Kriterium, um irgendeine der empirisch umlaufenden Vorstellung von Glück und gutem Leben als die allein selig machende auszuzeichnen, dann leuchtet das im Einklang mit Kants scharfer Kritik an allen Versuchen, die Ethik in empirischen „Neigungen" zu verankern, unmittelbar ein.

Es gibt verschiedene Theorien, welche den Begriff der Gerechtigkeit im Ausgang von den Normen der „Fairness" und/oder der „Unparteilichkeit" entwickeln wollen. Rawls liefert das einflussreichste Beispiel dafür. Nach Barry stimmen all diese Ansätze zumindest in der Hinsicht überein, dass nach einer Menge von Regeln für das Zusammenleben von Menschen gesucht wird, welche im idealen Falle die *freie* (ungezwungene) Zustimmung aller *gleich* behandelten sowie *rational* auf einen Konsens hin argumentierenden Subjekte finden könnten. Im Grunde müsste also eine Theorie der Gerechtigkeit im Bedeutungsfeld zumindest der Kategorien *Fairness, Unparteilichkeit, Zwanglosigkeit, Gleichheit, respektierte Würde der Subjekte* und *Rationalität* verortet werden. Barry betritt dieses Feld auf seine Weise, wenn er z.B. sagt, es ginge bei der Auseinandersetzung über Gerechtigkeit nicht darum, irgendeine der vielfältigen empirischen Vorstellungen von individuellem Glück durchzusetzen, sondern um die Idee, „dass Einschränkungen (der Willkürfreiheit des Einzelnen – J.R.) frei (das bedeutet jetzt wohl: „autonom" – J.R.) als vernünftig akzeptiert werden sollten" (JaI 193). Erneut liegen die Verbindungslinien zu Kants Rechtsbegriff auf der Hand, demzufolge jemand eine Ungerechtigkeit begeht, wenn er Maßnahmen be- oder verhindert, wodurch „die Freiheit von jedermann nach einem allgemeinen Gesetz (der Vernunft wie dem Kategorischen Imperativ – J.R.) zusammen bestehen kann" (MS 337). Da die Abstimmung freier Willensäußerungen die bewusste Rücksicht auf die Willensfreiheit der anderen und daher nach Kant auf ihre Würde als Subjekte voraussetzt, ergibt sich immer auch eine gewisse Einschränkung der Willkürfreiheit der je einzelnen Person. Von daher lässt sich die Theorie als vernünftig akzeptierter Einschränkungen eines ungezügelt freien Willens dem ersten Anschein nach auch so zusammenfassen, Gerechtigkeit bestünde in „nichts anderem all allseits vorteilhaften Freiheitseinschränkungen." In diesem Falle gewinnt allerdings das Nutzenprinzip, das in den klassischen Begriffen „Glück" oder „gutes Leben des Individuums" eingeht, eine Vorrangstellung. Die Freiheitseinschränkungen müssen sich als *vorteilhaft* für den Einzelnen erweisen und seinen „Vorteil" bemisst er an seinen „Neigungen" bzw. „Präferenzen". Barry betont jedoch darüber hinaus, es müsse letztendlich einen Grund geben, „sich gerecht zu verhalten, der nicht einmal auf eine ausgeklügelte und indirekte Verfolgung des Selbstinteresses zurückgeführt werden kann." Und diesen findet auch er – ähnlich wie Habermas – in einer Idealvorstellung, derzufolge „Gerechtigkeit den Inhalt einer Übereinkunft darstellen sollte, die von rationalen Menschen unter Bedingungen erreicht würde, die es nicht erlauben, dass Verhandlungsmacht in einen Vorteil umgewandelt werden kann (ToJ 7). Hier wird nach meiner Auffassung der semantische Kern der Kategorie der *Unparteilichkeit* deutlich: Unparteilichkeit liegt in erster Linie dann vor, wenn in einer kontroversen Entscheidungssituation eine Partei darauf verzichtet, ihre *Macht* – nicht nur ihre Verhandlungsmacht – in einen *Vorteil* für sich selbst umzuwandeln. Dem entspricht in der Tat das „Willkürverbot", das Barry in diesem Zusammenhang erwähnt.

Gerechtigkeitstheorien III: Gerechtigkeit als beidseitiger Vorteil.

Brian Barry stellt zwei elementare Typen von Theorien sozialer Gerechtigkeit einander gegenüber. Die eine, von ihm unterstützte und ausgebaute Variante geht von „Unparteilichkeit" – und damit auch von „Fairness" – als Kernvorstelllungen der Theoriebildung aus (s.o.). Die andere weist im Vergleich dazu eine Reihe gegensätzlicher Merkmale auf. Sie gründet in der Annahme, Gerechtigkeit bedeute letztendlich eine Frage des Übereinkommens zwischen Personen und/oder Gruppen mit konkurrierenden Interessen, die grundsätzlich auf die Mehrung ihres Nutzens aus sind. Für ein möglicherweise „gerechtes" Arrangement ihrer Beziehungen gilt, dass sie durchaus nach Übereinkünften streben können, wobei diese jedoch den Beteiligten einen *wechselseitigen Vorteil* garantieren müssen. Dann geht es „gerecht" zu. Der Idee nach sollte also niemand bei diesem Konsens einen einseitigen Vorteil genießen dürfen. Demzufolge besteht „Gerechtigkeit einfach in Vernunft als Klugheit („prudence" – J.R.), die in Kontexten zum Zuge kommt, wo die Kooperation (oder zumindest die Nachsichtigkeit) anderer Leute eine Bedingung dafür ist, dass wir das erreichen können, was wir anstreben" (ToJ 6 f.). Die Gegenüberstellung zweier Grundpositionen der Gerechtigkeitstheorie, Gerechtigkeit als Unparteilichkeit und Gerechtigkeit als beidseitiger Vorteil, verkörpert offensichtlich eine der zahllosen Varianten des klassischen Gegensatzes zwischen Motiven deontischer und Motiven utilitaristischer Ethiken, Sittlichkeit versus Nützlichkeit (*honestas vel utilitas*).[15] Dieses Spannungsverhältnis durchzieht die gesamte Geschichte der Moralphilosophie. Trotz all der vielen in genau diese klassische Streitzone investierten Gegensätze weist Barry auch auf Gemeinsamkeiten der beiden Typen von Gerechtigkeitstheorien hin. Er nennt deren zwei: 1.) Probleme der Gerechtigkeit entstehen nach einer gemeinsamen Auffassung beider Positionen dann, wenn sich ein Konflikt zwischen den *Interessen* verschiedener Personen oder Gruppen auftut und auswirkt (ToJ 7). 2.) Gerechtigkeit wird als eine Norm angesehen, über deren Rang und Bedeutung – bei allen sonstigen Kontroversen – dem Prinzip nach alle Menschen ein rationales Einverständnis erreichen könnten. Es besteht *in abstracto* in der Einsicht, dass wir alle

---

15 Deontische Ethiken sind Pflichtethiken, die eine Norm voraussetzen, die einen höheren Rang einnimmt als die anderseits lebensnotwendige Norm der Zweckrationalität, damit des Erfolgs, der gelingenden Erreichung von Zwecken und Erfüllung von individuellen Neigungen.

dem Prinzip der Gerechtigkeit in der Praxis folgen sollten (ebd.).[16] Dahinter steht offensichtlich die Annahme eines basalen Interesses an der Vermeidung zerstörerischer Konflikte. Denn würden alle Individuen in sozialen Situationen ihrer „Willkürfreiheit" (Kant) freien Lauf lassen und alle verfügbaren Mittel, im Grenzfall auch nackte Gewalt einsetzen, um ihre heterogenen und konkurrierenden Vorstellungen davon durchzudrücken, was gut und erstrebenswert ist, dann würden scharfe Antagonismen, wenn nicht Verhältnisse wie im Hobbesschen Naturzustand des Krieges aller gegen alle entstehen. Schon das elementare Interesse an Selbsterhaltung legt jedoch „vernünftiges" Vorgehen, d.h.: die Orientierung am Vernunftprinzip der Zweckrationalität nahe. Wenn die Individuen – wozu sie allerdings an sich in der Lage sind – nicht gesinnungsethisch (fundamentalistisch) ohne Rücksicht auf Verluste oder im Milieu einer Götterdämmerung, sondern zweckrational überlegt operieren können und wollen, dann sind sie auch in der Lage, die Vorteile und Nachteile abzuwägen, die durch die Vermeidung oder durch die Verschärfung sozialer Antagonismen entstehen würden. Sie können sich dabei oftmals einen Vorteil durch Kooperation ausrechnen.[17] Wenn sie tatsächlich kooperieren, müssen sie natürlich eine wechselseitige Einschränkung ihrer Willkürfreiheit in Kauf nehmen. Die Frage nach einem Zustand, in dem beidseitiger Vorteil gewährleistet wäre, sieht nach all dem wohl so aus: Es gibt eine Menge von Individuen, die je verschiedene, wenn nicht gegensätzliche Vorstellungen davon haben, was gut und nützlich für sie selbst ist. Wie können dann aber Normen, Regeln und Kriterien für ihr Zusammenleben aussehen, welche die Aussicht eröffnen, durch Kooperation besser da zu stehen als dann, wenn jeder seine Neigungen und Zwecksetzungen ohne Rücksicht auf diejenigen der anderen verfolgt? (vgl. JaI 32). Anders ausgedrückt: Rational abwägende Parteien können Vereinbarungen in der Erwartung treffen, dass sich im Vergleich mit einem Zustand der reinen Willkürfreiheit bessere Möglichkeiten eröffnen, ihre Neigungen zu erfüllen und Ziele zu erreichen. Sie erwarten eine Art „Kooperationsgewinn" (vgl. ToJ 258). Damit entsteht jedoch ein zusätzliches Verteilungsproblem. Wie ist nun dieser Zugewinn gerecht zu verteilen? Eine geläufige Antwort hängt unmittelbar mit den Grundgedanken der Theorie der Gerechtigkeit als beidseitiger Vorteil zusammen. Es handelt sich um ein

---

16 Nach Barry führen all diese Überlegungen dazu, dass beide Typen von Gerechtigkeitstheorien auf irgendeine Variante von Sozialvertragstheorien (Kontrakttheorien) zurückgreifen.

17 Vgl. dazu auch D. R. Hofstadter: Metamagicum – Kann sich in einer Welt voller Egoisten kooperatives Verhalten entwickeln?, in: Spektrum der Wissenschaft, August 1983, S. 88 f.

1 Gerechtigkeit

Verteilungsprinzip, das in der neo-klassischen Wirtschaftslehre immer noch eine besondere Rolle spielt: „Pareto-Optimum" oder „Pareto-Effizienz" wird es genannt. Auch „Pareto-Gerechtigkeit" stellt einen dem entsprechenden Begriff der Wohlfahrtsökonomie dar, worauf man gelegentlich stoßen kann. Als sein Urheber gilt Vilfredo Frederico Pareto (1848-1923), ein italienischer Ökonom, der zudem durch seine Elitentheorie auch als Soziologe bekannt und einflussreich geworden ist. Sein gerechtigkeitstheoretisches Konzept hat nach und nach die von Jeremy Bentham (1748-1832) vorgeschlagene Bestimmung der Wohlfahrt einer Gesellschaft als Summe der einzelnen Nutzenquanta der Individuen ersetzt. Nach Bentham ist ja die bestmögliche allgemeine Wohlfahrt einer Gesellschaft dann erreicht, wenn das Glück, d.h.: die Summe aller Nutzengrößen der Einzelnen durch keine Verteilungsregeln und Verteilungsmaßnahmen noch weiter gesteigert werden kann (Optimum). Aber es hat sich als ungemein schwierig herausgestellt, eine genaue Messung des subjektiven Nutzens durchzuführen.[18] Demgegenüber gelten die Resultate von Maßnahmen, Entscheidungen und Prozessen dann als „paretooptimal", wenn die (zusätzlich) verfügbaren Güter und Leistungen so aufgeteilt und zugeteilt werden, dass jede Veränderung eines davor bestehenden Verteilungszustandes zugunsten einer Partei (Interessengruppe) *nicht zur Schlechterstellung mindestens einer anderen Partei* führt. Verschlechtert sich dadurch die Lage auch nur einer Partei, dann kommt es zur Störung eines vorgängigen „Gleichgewichts". Die Sache hat allerdings einige bekannten Haken: Es ist denkbar, dass es den einen besser geht, ohne dass anderen schlechter geht, die über den Zugewinn der anderen gleichwohl nicht so recht entzückt sein werden. (Eine Formulierung der Pareto-Gerechtigkeit lautet ja: Dieses Optimum bezeichnet einen Zustand, in dem man kein Individuum und/oder keine Gruppe durch Maßnahmen oder Mechanismen besser stellen kann, ohne gleichzeitig mindestens ein anderes Individuum oder mindestens eine andere Gruppe schlechter zu stellen). Hinzu kommt: Der Ausgangszustand als „Gleichgewicht" kann seinerseits so sehr durch massive Ungleichheiten der Verteilung von Macht, durch das Bestehen materieller Privilegien sowie durch die Wirkung massiver Mechanismen der Diskriminierung charakterisiert sein, dass man den ursprünglichen Zustand nach einschlägigen anderen Kriterien

---

18 So kam es in der Nationalökonomie zu Entscheidungen wie der, auf die „kardinale" Nutzenmessung zu verzichten, um sich stattdessen mit einer „ordinalen" Nutzenmessung zu bescheiden. Zur letzteren gehört die Bestimmung der „Präferenzen" der Individuen. Bei Wahlhandlungen auf „den Märkten" wird die Ware A der Ware B, B wird C usf. vorgezogen (Präferenzskalen).

anderer Gerechtigkeitstheorien als *ungerecht* bewerten würde. Aus diesen Gründen lässt sich die „Pareto-Gerechtigkeit" nicht einfach mit Gerechtigkeit überhaupt gleichsetzen – jedenfalls nicht unter der Voraussetzung der Prinzipien deontischer Ethiken, bei denen die Förderung der Autonomie des Subjekts und damit die Anerkennung seiner Würde darüber entscheidet, welche von den andererseits unabdingbar notwendigen zweckrationalen und am individuellen Glück orientierten Maximen (Strategien) der individuellen Lebensführung sittlich, sittlich irrelevant oder unsittlich sind. Die Theorie der Gerechtigkeit als beidseitiger Vorteil geht zwar – genauso wie auch die deontische Ethik Kants – von einer Menge von Menschen aus, die verschiedenartige, wenn nicht gegensätzliche Vorstellungen vom Guten (Kant sagt: vage und heterogene „Neigungen") aufweisen. Doch im Einklang mit der utilitaristischen Ethik werden die Beziehungen zwischen den Menschen aufgrund von Kriterien des Vorteils und des Nachteils, des Gewinns und Verlustes, der Kosten und des Nutzens (*utilitas*) beurteilt. Die zweckrational kalkulierenden Einzelkämpfer gehen eine Kooperation nur dann ein und halten sie nur dann aufrecht, wenn sie sich davon einen „Kooperationsgewinn" versprechen können. Die Verteilung des Zugewinns erreicht sein Optimum, wenn sie „pareto-effizient" durchgeführt wird. Im Einklang mit Grundgedanken der Spiel- und Entscheidungstheorie muss man dabei allerdings immer mit Trittbrettfahrern rechnen (*free rider problem*).

Eine Notiz zur Verknüpfung der Hauptdimensionen des Gerechtigkeitsbegriffes.

Es gibt nicht „die" eine Gerechtigkeitstheorie. Es gibt verschiedene Theorien, die sich gleichwohl mit dem gleichen Thema befassen, das in der alten Parole *fiat iustitia*, „es möge Gerechtigkeit geübt werden", zum Ausdruck kommt. Die einzelnen Varianten können völlig gegensätzliche Überlegungen enthalten. Man begegnet ihnen zum Beispiel im Gesamtverlauf der von alters her stattfindenden Konfrontation zwischen utilitaristischen Ethiken (etwa von Epikur bis Bentham) und deontischen Ethiken (etwa von Cicero bis Kant). Trotzdem lassen sich die Varianten der Gerechtigkeitstheorie je nach ihrer bevorzugten Interpretation und Kombination von Hauptachsen sortieren, auf denen sich nahezu alle von ihnen bewegen. *Das* macht sie vielleicht zu Varianten von *Gerechtigkeitstheorien* und nicht von etwas Anderem. Diese Hauptdimensionen sind nach der hier vertretenen Auffassung:

1 Gerechtigkeit

- *Gleichheit.*
- *Fairness.*
- *Unparteilichkeit.*
- *Zwanglosigkeit.*
- *Rationalität und Willensfreiheit.*

Dabei nehmen meistens Gleichheit und Rationalität einen besonderen Rang ein. Im Folgenden wird nur auf zwei berühmte Passagen aus der Rechts- und Sittenlehre von Kant und Hegel zurückgegriffen, um einen groben Eindruck davon zu vermitteln, wie sich die gerechtigkeitstheoretischen Achsen verbinden lassen.

> Kant: „Handle so, dass du die Menschheit, sowohl in deiner Person, als in der Person eines jeden andern, jederzeit zu gleich als Zweck, niemals bloß als Mittel brauchest" (GMS 61).

Das Gebot, die Menschheit in der eigenen Person als Selbstzweck zu behandeln, bezieht sich auf die überlieferte Diskussion über „Pflichten gegenüber sich selbst." Als ein an sich der Rationalität zugängiges und vom Interesse der Selbsterhaltung bewegtes Wesen sollte der Mensch eigentlich auf alle selbstzerstörerischen Praxen (etwa im Bereich der Erhaltung seines Körpers und seiner Gesundheit) verzichten. Dieses Thema beiseite lassend, gebietet die zitierte Formel für den kategorischen Imperativ, andere Menschen nicht einfach nur als Mittel für die eigenen Zwecke, sondern immer zugleich als einen Zweck an sich selbst zu behandeln. In dieser Formulierung steckt offensichtlich ein Nicht-Instrumentalisierungsgebot (also die Dimension der Zwanglosigkeit der Interaktionen). Dieses schließt notwendigerweise jede Form der Repression aus und damit Zwanglosigkeit ein, wobei die äußerste Form der Repression die Anwendung nackter Gewalt und die undurchsichtigste die geschickte Manipulation darstellt. Die Norm der Gleichheit lässt sich der Aussage ebenfalls als einer ihrer inneren Bestandteile entnehmen: Die Menschheit, also alle anderen Menschen sollen *gleichermaßen* als Selbstzweck behandelt werden. Man kann mit Fug argumentieren, dass „Fairness" eher ein modernes Prinzip darstellt und einiges mit dem entfalteten Tauschverkehr auf Märkten in der bürgerlichen Gesellschaft zu tun hat. Doch die Diskussion über einen „fairen", sprich „gerechten Preis" (*iustum pretium*) geht wieder einmal mindestens bis zu Aristoteles zurück. Hierzulande gibt es sogar eine „Fairness-Stiftung", nach deren „Fairness-Barometer" 2011 nur noch 41% der Bevölkerung das Verhalten der Unternehmen gegenüber ihren Kunden für „fair" hielten. Die Mehrheit geht offensichtlich davon aus, dass sie grundsätzlich übervorteilt wird. Hinzu kommt: Jede Instrumentalisierung einer anderen Person aus bloßem Eigeninteresse impliziert eine Übervorteilung und damit eine „unfaire" Behandlung. Aber was bedeutet es inhaltlich genauer, alle anderen Menschen gleichermaßen als Zweck als an sich selbst zu behandeln? Hier muss man die zitierte Formel des kategorischen Imperativs, die man die „Anerkennungsformel" nennen kann, durch Kants Vorstellung von Menschenwürde ergänzen und auf die Schlüsselthese seiner gesamten praktischen Philosophie beziehen: *„Autonomie* ist also der Grund der Würde der menschlichen und jeder vernünftigen Natur"(GMS 69). „Autonomie" bedeutet den freien Willen des Subjekts. Konkret gebietet die Anerkennungsformel des kategorischen Imperativs, die Würde aller anderen Subjekte zu achten. Das wiederum heißt, ihren freien Willen anzuerkennen und zu fördern – solange sie nicht ihre „Willkürfreiheit" (Kant) für Zwecke der Repression einsetzen. „Das Subjekt aller Zwecke aber ist jedes vernünftige Wesen, als Zweck an sich selbst" (GMS 63). Vernunft, Rationalität, äußert sich in diesem Falle als Haltung der *Anerkennung des freien Willens der anderen vernünftigen Wesen*. Das stellt einen anderen Typus von Rationalität als die Zweckrationalität dar. Ihr Verhältnis zueinander ist ein Problem für sich.[19]

> *Hegel:* „Das Recht besteht darin, dass jeder Einzelne von dem anderen als ein freies Wesen respektiert und behandelt werde; denn nur insofern hat der freie Wille sich selbst im Anderen zum Gegenstand und Inhalt.
> *Erläuterung:* Dem Rechte liegt die Freiheit des Einzelnen zugrunde, und das Recht besteht darin, dass ich den Anderen als ein freies Wesen behandele. ... (WW 4; § 3).
> Diejenige Handlung, welche die Freiheit eines anderen beschränkt oder ihn nicht als freien Willen anerkennt und gelten lässt, ist widerrechtlich" (§ 6).
> Widerrechtlich ist „die Verletzung meiner persönlichen äußerlichen Freiheit, meines Leibes und Lebens oder auch meines Eigentums überhaupt durch *Gewalttätigkeit*" (§ 19). (WW 4; 232 f. u. 243)

Die Parallelen dieser Paragraphen aus Hegels „Rechtslehre" für die Unterklasse des Nürnberger Ägidiengymnasiums aus den Jahren 1810 ff. zu Kants Kategorischem Imperativ sind sinnfällig. Auch wenn Hegel im Paragraphen 3 nur vom „Recht" spricht, sind seine elementaren Thesen und Begriffe ebenso gut auf Fragen der Moral und der Gerechtigkeit übertragbar. Denn genau wie bei Kant bildet der freie Wille des Subjekts

---

19 Vgl. dazu J. Ritsert: Vernunft. Über das Maßstabsproblem der Kritischen Theorie, Materialien zur Kritischen Theorie der Gesellschaft, Heft 7, Frankfurt/M 2011, S. 23 ff.

den Dreh- und Angelpunkt der Darstellung. Genau wie bei Kant besteht zudem der normative Kern der Ausführungen darin, jeder Einzelne sei von jedem anderen *gleichermaßen* als ein „freies Wesen" anzuerkennen und zu behandeln. Eine Beziehung zwischen Subjekten, die von anerkannter Autonomie der anderen Menschen getragen wird, stellt eine andere Form der Rationalität dar als Zweckrationalität. Anerkennung der Autonomie (Willensfreiheit im Unterschied zur Freiheit der Willkür) bedeutet Achtung der Menschenwürde und dies versteht sich als eine Haltung und Praxis, die für Moral und Gerechtigkeit gleichermaßen zentral ist. Die Formulierung im § 3 hätte daher nach der hier vertretenen Auffassung auch lauten können: Dem Rechte, der Moral und der Gerechtigkeitsnorm liegt in letzter Instanz die „Freiheit des Einzelnen" zugrunde und zu Recht, Moral und Gerechtigkeitsnorm gehört entscheidend, „dass ich den Anderen als ein freies Wesen behandele" (§ 3). Damit ist auch klar, worin im Kern Unrecht, Unmoral und Ungerechtigkeit bestehen: „Diejenige Handlung, welche die Freiheit eines anderen beschränkt oder ihn nicht als freien Willen anerkennt und gelten lässt, ist widerrechtlich", unmoralisch und ungerecht (§ 6). Natürlich bedeutet das nicht, dass die freien Willensäußerungen anderer völlig unantastbar wären. Im Gegenteil: In dem Maße, wie die Gegenüber zu den Mitteln der Repression welcher Art auch immer greifen, im Extremfall sogar gewalttätig werden, müssen sie mit legitimen Gegenmaßnahmen rechnen (§ 9). Für Hegels Philosophie charakteristisch ist die Formulierung aus dem § 3, durch die wechselseitige Anerkennung und Unterstützung der Willensfreiheit der Subjekte habe sich „freie Wille sich selbst im Anderen zum Gegenstand und Inhalt." In diesem Falle geht es um das Problem der Willens*allgemeinheit*. „Wenn der Wille nicht ein allgemeiner wäre, so würden keine eigentlichen *Gesetze* stattfinden, nichts, was *alle* wahrhaft verpflichten könnte" (WW 4; 224).[20] Aber was heißt es, der Wille habe sich selbst im Anderen zum Gegenstand und Inhalt (Reflexivität), wenn man „den Willen" nicht als eine Art Übersubjekt ansehen will, das Selbstbetrachtungen anstellt? Die Antwort ist einfach: Wenn ein Individuum, ein mit Willensfreiheit begabtes empirisches Subjekt

---

20 Auch hier lassen sich wieder die Verbindungslinien zu Kant ziehen. In diesem Falle zur Fassung des Kategorischen Imperativs als sog. „Maximenprobe" und damit zur Frage, welche Maximen einer Person sich so *verallgemeinern* lassen, dass kein Gegensatz zur Zielrichtung der Maxime des Akteurs entsteht. Kann einer wollen, dass es ein *allgemeines* Gesetz wird, bei ihm hinterlegtes Geld – wie er das vorhat – zu unterschlagen? (Unter der Voraussetzung, dass er selbst Geld bei anderen hinterlegen muss). Wenn seine böse Absicht allgemeines Gesetz würde, schösse er sich gleichsam selbst ins Knie. So etwas wird „performativer Selbstwiderspruch" genannt.

den freien Willen anderer Subjekte anerkennt, also ihre Würde achtet, bezieht es sich mit seiner Kompetenz der Autonomie unterstützend auf die *identische* Kompetenz bei den anderen Vernunftwesen. Würden alle Individuen sich in diesem Sinne tatsächlich als Zwecke an sich selbst behandeln, bestünde eine gerechte Gesellschaft als „Reich der Zwecke" (Kant). Das ist eine Utopie, die gesellschaftliche Wirklichkeit ist mehr oder minder weit entfernt davon – meistens sehr weit.

In den kurz kommentierten Paragraphen finden sich sämtliche Hauptdimensionen der Gerechtigkeitsidee wieder: Alle Vernunftwesen sollen die *gleiche* Anerkennung erfahren. Verstöße gegen Fairness und Unparteilichkeit setzen Strategien der *Instrumentalisierung* voraus, was vom Anerkennungsgebot strikt ausgeschlossen wird. Das Gebot der Zwangslosigkeit bedeutet Widerstand gegen jede Erscheinungsform der Repression. Wechselseitige Bestätigung der Autonomie in einem Kontext, der diese Haltung und Praxis institutionell stützt, bedeutet in der deontischen Ethik Kants und Hegels die höchste Erscheinungsform von Rationalität.

Literaturverzeichnis

B. Barry: Theories of Justice, Berkeley/Los Angeles 1989.
B. Barry: Justice as Impartiality, Oxford 1995.
J. Habermas: Nachmetaphysisches Denken. Philosophische Aufsätze, Frankfurt/M 1988.
R. Forst: Kontexte der Gerechtigkeit. Politische Philosophie jenseits von Liberalismus und Kommunitarismus, Frankfurt/M 1996.
G. W. F. Hegel: Werke in zwanzig Bänden, Band 4, Frankfurt/M 1970.
G. W. F. Hegel: Grundlinien der Philosophie des Rechts (1821).
Th. Hobbes: Vom Menschen – Vom Bürger, Hamburg 1959.
E. Höffe: Politische Gerechtigkeit. Grundlegung einer kritischen Philosophie von Recht und Staat, erweiterte Ausgabe, Frankfurt/M 2002.
D. R. Hofstadter: Metamagicum – Kann sich in einer Welt voller Egoisten kooperatives Verhalten entwickeln?, in: Spektrum der Wissenschaft, August 1983
I. Kant: Grundlegung zur Metaphysik der Sitten, Werke in sechs Bänden, Band IV, Darmstadt 1963.
St. Liebig/H. Lengfeld (Hrsg.): Interdisziplinäre Gerechtigkeitsforschung. Zur Verknüpfung empirischer und normativer Perspektiven, Frankfurt/M 2002.
D. Rae: Equalities, Cambridge Mass. 1981.

J. Ritsert: Gerechtigkeit und Gleichheit, Münster 1997.
J. Ritsert: Schlüsselprobleme der Gesellschaftstheorie, Wiesbaden 2009.
J. Ritsert: Theorie praktischer Probleme. Marginalien zum „Gemeinspruch: Das mag in der Theorie richtig sein, taugt aber nicht für die Praxis! (Kant), Wiesbaden 2012.
J. Ritsert: Vernunft. Über das Maßstabsproblem der Kritischen Theorie, Materialien zur Kritischen Theorie der Gesellschaft, Heft 7, Frankfurt/M 2011.
M. Walzer: Sphären der Gerechtigkeit, Frankfurt/New York 1992.

Siglen

JaI:	B. Barry: Justice as Impartiality (1995).
ToJ :	B. Barry: Theories of Justice (1889).
ETG :	J. Rawls: Eine Theorie der Gerechtigkeit, Frankfurt/M 1979.
GaF:	J. Rawls: Gerechtigkeit als Fairness, in: ders. (hrsg. v. O. Höffe), Freiburg/München 1977.
GMS:	I. Kant: Grundlegung zur Metaphysik der Sitten, in: I. Kant: Werke in sechs Bänden (hrsg. v. W. Weischedel), Band IV, Darmstadt 1963.
MS:	I. Kant: Die Metaphysik der Sitten, in ders.: Werke in sechs Bänden (hrsg. v. W. Weischedel), Band IV, Darmstadt 1963.
NE:	Aristoteles: Nikomachische Ethik (Ed. F. Dirlmeier), Frankfurt/M 1957.
RPh:	G.W.F. Hegel: Grundlinien der Philosophie des Rechts (1821), Hamburg 1955.
WW:	G.W. F. Hegel: Werke in zwanzig Bänden, Frankfurt/M 1970 ff.

Gleichheit[21]

2

Zur elementaren Logik von Gleichheit und Ungleichheit.

Von dem Substantiv „die Gleichheit" machen wir alltagssprachlich einen doppelsinnigen Gebrauch. Dementsprechend auch von dem Adjektiv „gleich". Zum einen dienen beide Worte dazu, einen Sachverhalt zu *beschreiben*. „Es besteht tatsächlich Gleichheit zwischen den beiden Personen im Hinblick auf ihre Größe." Das stellt natürlich eine vergleichsweise umständliche Formulierung dar und wird normalerweise durch die Prädikation: „Die beiden Personen sind *gleich* groß" ersetzt. Es handelt sich in diesen Fällen um einen *deskriptiven* Gebrauch des Hauptwortes „Gleichheit" sowie des Eigenschaftswortes „gleich". Davon unterscheidet sich zum anderen der *normative* (*präskriptive*) Gebrauch der beiden Vokabeln, der alltagssprachlich ebenfalls üblich ist. „Es sollte Chancengleichheit zwischen den beiden Wettbewerbern herrschen" – „Die Chancen der beiden Wettbewerber sind völlig gleich und so sollte es auch sein." Die Negation dieser Begriffe führt zu ihrem Gegenteil, zu „Ungleichheit" bzw. „ungleich". Die „soziale Gleichheit" und/oder die „soziale Ungleichheit" stellen natürlich besondere, wenn auch im individuellen und kollektiven Leben außerordentlich bedeutsame Beispiele für Gleichheit (gleich) oder Ungleichheit (ungleich) überhaupt dar. Was sind die einfachsten logischen Grundlagen dieser gesellschaftlich und sozialwissenschaftlich besonders bedeutsamen Fälle?

Die elementare logische Erscheinungsform von „Gleichheit" wird im einfachen *Satz der Identität* zusammen gefasst. „Der einfache Satz ist der *Satz der Identität*. a = a" (WW 4; 18). Anders ausgedrückt: Ein jeder Sachverhalt ist mit sich selbst gleich. Es kann sich aber

---

21 Dieser Abschnitt stützt sich auf: J. Ritsert: Gerechtigkeit und Gleichheit, Münster 1997, S. 60 ff., ders.: Schlüsselprobleme der Gesellschaftstheorie, Wiesbaden 2009, S. 146 ff. sowie ders.: Macht, Klasse und Herrschaft, Materialien zur Kritischen Theorie der Gesellschaft, Heft 4: Macht, Klasse und Herrschaft, Frankfurt/M 2010.

auch um einen Fall der *Gleichsetzung* (Egalisierung) verschiedener Phänomene durch uns handeln. Wir stellen fest und teilen dies in einer Aussage mit, dass zwei Stöcke *gleich* lang oder zwei Produkte *gleich* viel wert sind. Sie erweisen sich also *in einer Hinsicht*, in einer Vergleichsdimension wie „Größe" als *identisch*. „Identität" wird aber zudem in der Psychologie und Sozialpsychologie inhaltlich als ein Ausdruck für die Sichselbstgleichheit des einzelnen Menschen gebraucht. D.h.: Die Lebensgeschichte einer jeden Person weist trotz aller Gemeinsamkeiten vieler ihrer Merkmale mit anderen in ihrer Summe immer auch eine unverwechselbare Eigenheit dieses Individuums und keines anderen auf. Sie unterscheidet sich in einer Reihe von Merkmalen grundsätzlich von der Biographie eines jeden beliebigen Anderen. Überdies kann man wie schon Platon in seinem „Symposion" fragen, was eigentlich die erlebte Identität (Sichselbstgleichheit) des Individuums im Fluss der kontinuierlichen Veränderungen seiner körperlichen und geistigen Merkmale ausmacht? Auch im lebensgeschichtlichen Bereich wäre also auf die Grundsätze einer elementaren Logik von Gleichheit und Ungleichheit zu achten. Vollständige Gleichheit = reine Identität läge vor, wenn zwei Sachverhalte in *allen* möglichen Hinsichten einander gleich wären. Doch wenn zwei Sachverhalte in jeder möglichen Hinsicht einander gleich sind, dann kann es sich gar nicht um zwei, sondern nur um ein- und denselben Sachverhalt handeln. Denn damit zwei Gegebenheiten vorliegen, muss es mindestens *ein* Merkmal geben, das einen *Unterschied* zwischen ihnen ausmacht. Deswegen drückt der „*Satz der gleichgültigen Verschiedenheit* ... die unbestimmte Unterschiedenheit überhaupt (aus) und sagt aus, dass nicht zwei Dinge gebe, welche einander vollkommen gleich sind" (ebd.; Herv. i. Org.). Unterschiede bedeuten zufällige oder wesentliche, einflussreiche oder beiläufige Differenzen zwischen x und y. Doch Unterschiede können darüber hinaus bis zu einem strikten *Gegensatz* zugespitzt sein. „Gegensatz" ist eine Vokabel, die – wie wir noch sehen werden – gerade in Theorien sozialer Ungleichheit zum Quell ganz besonderer Freuden werden kann. In der Logik hingegen herrschen in dieser Hinsicht völlig klare Verhältnisse: „Der *Satz der Entgegensetzung* heißt: a ist entweder b oder –b, *Positivität* und *Negativität*. Von den entgegengesetzten Prädikaten kommt den Dingen nur das eine zu, und es gibt kein Drittes zwischen ihnen" (ebd.; Herv. i. Org.). Es gibt kein Drittes zwischen a und b (*tertium non datur*). D.h.: Es gibt keine Schnittmenge von Eigenschaften, sondern es herrscht ein striktes Ausschlussverhältnis zwischen den beiden Momenten. Entweder weiß oder schwarz – es gibt keine Grautöne. Das Problem einander streng ausschließender Eigenschaften hängt unmittelbar mit dem sog. „Non-Kontradiktionsgebot" des Aristoteles zusammen. Man darf sich in seinen Aussagen nicht schlechthin widersprechen, um keinen Ärger mit seinen Gesprächspartnern zu bekommen. Logische Konsistenz stellt somit ein entscheidendes Gütekriterium für Aussagenzusammenhänge dar. Denn widersprechen sich zwei Behauptungen – „Der Mond besteht aus Käse" versus „Der Mond besteht nicht aus Käse, sondern aus Gestein" –, dann kann ja nur die eine der beiden Behauptungen wahr sein. Es besteht ein „Widerspruch" zwischen ihnen, worunter in diesem Falle eine *Kontradiktion*, ein striktes Ausschlussverhältnis zwischen zwei Aussagen zu verstehen ist. Kontradiktionen gibt es natürlich auch bei einfachen Begriffen: „Die Kugel ist eckig."

Allein schon auf diesem Hintergrund elementarer Sätze der Aussagenlogik lassen sich einige Typen von deskriptiven *Gleichheitsprädikationen* sowie ihrer Negationen als *Ungleichheitsprädikationen* ausmachen und zusammenstellen:

1. *Identitätsurteile*: (a) Urteile über Sichselbstgleichheit: a = a. Dieser tautologische Fall bekommt im Zusammenhang mit Fragen nach dem Wissen um sich selbst sowie nach der Sichselbstgleichheit einer Person trotz ihrer ständigen Veränderungen im Zeitablauf durchaus seine inhaltliche Bedeutung. Es geht dann philosophisch beispielsweise um die „schrankenlose Unendlichkeit der *absoluten Abstraktion* oder *Allgemeinheit, das reine Denken* seiner selbst" (RPh § 5). Ich bin ich. (b) Urteile über die Identität zweier (oder mehrerer) Sachverhalte: x ist identisch mit y. Das wird im Allgemeinen so gelesen: „x stimmt in den interessierenden Hinsichten völlig mit y überein." Es handelt sich in beiden Fällen etwa um Äpfel und nicht um Birnen. Man könnte hier von Urteilen über *Artgleichheit* sprechen. (c) Anstelle der Feststellung *völliger* Übereinstimmung bestimmter Merkmale kann auch die etwas schwächere Bestimmung von *Vergleichbarkeit* gemeint sein. Zwei Sachverhalte weisen mindestens auf einer Vergleichsdimension (in einem möglichst kleinen Fehlerspielraum der skalierten Messung) den annähernd *gleichen* Status auf. Die beiden Gepäckstücke haben auf der Kiloskala das *gleiche Gewicht* (stets mit einer mehr oder minder großen Ungenauigkeit, einem „Toleranzbereich" der Messung). Die beiden Waren kosten das Gleiche; sie sind gleichwertig (mit allen theoretischen und praktischen Schwierigkeiten der Messung des „wahren" Wertes des Warenwertes).
2. *Unterschiedsbestimmungen*: Die Feststellung von Unterschieden in Hinsicht auf bestimmte Merkmale von Sachverhalten stellt natürlich einen entscheidenden

Schritt bei der Einsicht in Gegebenheiten dar. Worin unterscheiden sich die interessierenden Phänomene, in welcher Hinsicht sind sie also ungleich? Die Kunst des klaren und bestimmten Unterscheidens stellt nicht nur für René Descartes den Lebensnerv der Philosophie als Analyse dar, Diese ist mit dem ursprünglichen Sinn des Wortes „Kritik" verbunden. Denn „Kritik" kommt von dem griechischen Verb „krinein" her, das als „unterscheiden", aber auch als „beurteilen" übersetzt werden kann. Das Hauptwort „die Kritik" wird heute bekanntlich auch für systematische Problematisierungen oder für einen mehr oder minder strengen Tadel verwendet.

3. *Gegensatzbestimmungen*: (a) Es kann Merkmale geben, die einander entgegengesetzt sind – schwarz oder weiß – und zugleich einen Zwischenbereich von Merkmalen aufweisen. In dieser „Mitte" überschneiden sich also die beiden „Extreme" (Schnittmenge): Grautöne mit verschiedener Ausprägung sind nun möglich. Man kann derartige Beziehungen auch als „Disjunktion" beschreiben. In den Fällen mit Schnittmenge bedeutet eine Disjunktion das *einschließende Entweder-Oder*. Schwarz oder weiß – aber es gibt ein drittes Vergleichendes (*tertium comparationis*) in der Form von Zwischentönen. (b) Unter einer „Disjunktion" kann aber auch das *ausschließende Entweder-Oder* verstanden sein. Sein oder Nicht-Sein – das ist dann die Frage. Die Kontradiktion im Sinne des Aristotelischen Prinzips, dass von zwei einander strikt entgegengesetzten Aussagen nur eine wahr sein könne (Non-Kontraktionsgebot), fällt in diesen Bereich. Der Begriff des „Widerspruches" stellt zunächst einmal nur die Übersetzung des Ausdrucks „Kontradiktion" dar. Aber bei Hegel ist „der Widerspruch" nicht gleich der einfachen Kontradiktion![22]

Aber was hat diese logische Propädeutik mit so komplexen Phänomenen wie den Gleichheiten und die Ungleichheiten in einer Gesellschaft zu tun?

Unterschiede, sozial relevante Unterschiede und soziale Ungleichheit.

Ziemlich viel hat die logische Propädeutik mit dem Diskurs über soziale Gleichheit und Ungleichheit zu tun! Beachtenswert sind zunächst einmal gewiss die Differenzen zwischen den deskriptiven Kategorien der Merkmals*gleichheit* oder der Merkmals*unterschiede* und den normativen *Gleichheitsgeboten*. Gleichheitsgebote werden gemeinhin angesichts von Phänomenen gesellschaftlicher Ungleichheit als Ausdruck von Ungerechtigkeit aufgestellt. Es gibt selbstverständlich auch eine Fülle *gegensätzlicher* Äußerungen und/

---

22 Vgl. dazu J. Ritsert: Moderne Dialektik und die Dialektik der Moderne, Münster 2011, S. 43 ff.

2 Gleichheit

oder Beziehungen der Individuen und Gruppen, die sich erfassen und beschreiben lassen. An dieser Stelle kann man es sogar bei Adorno gelegentlich mit einem früher einmal bei sehr orthodoxen Marxisten verbreitete Fehlschluss zu tun bekommen: Es wird von Erscheinungsformen sozialer Ungleichheit(en) als *sozialen Gegensätzen* auf die Notwendigkeit geschlossen, in „Gegensätzen", also unter Verstoß gegen das aristotelische Non-Kontradiktionsgebot zu denken und zu schreiben. So will Th. W. Adorno zeigen, „dass die Momente, welche die Realität als antagonistische Realität prägen, die gleichen sind, welche auch den Geist, den Begriff also, zu seinen immanenten Widersprüchen verhalten."[23] Äußerungen wie diese könnte man nur allzu leicht so missverstehen, als müsse deswegen, weil „die Gesellschaft" sich in „Widersprüchen" bewegt, auch deren Darstellung in „Widersprüchen" bewegen. Diese Behauptung stützt sich auf die blanke Äquivokation von sozialer Ungleichheit als Antagonismus mit einem sprachlichen „Widerspruch", der nach der klassischen logischen Kontradiktion klingt. Es wird scheinbar behauptet, der Dialektiker müsse das Gebot der Widerspruchsfreiheit souverän hinter sich lassen, um der „Sache selbst", also scharfen sozialen Konflikten in der gesellschaftlichen Wirklichkeit gerecht zu werden. Das ist natürlich keine Dialektik, sondern ein Fehlschluss. Denn soziale Konflikte lassen sich selbstverständlich nach den Prinzipien der analytischen Logik analytisch klar darstellen.

Hier soll stattdessen eine weitere wichtige Einteilung vorgeschlagen werden: Es gibt – bei allen vorhandenen Übereinstimmungen (Merkmalsgleichheiten) – gewiss eine ganze Fülle von Unterschieden zwischen den Menschen. Und wenn die These von der letztendlich unverwechselbaren Eigenheit des Individuums fest steht, dann ist die Fülle der *Unterschiede* zwischen den Einzelnen letztendlich unüberschaubar. Sie sind also in einem politisch völlig harmlosen Sinn prinzipiell ungleich: *Individuum est ineffabile.* (D.h.: Die Eigenschaften eines Einzelfalles und der Kontext, worin er steht, lassen sich durch keine vollständige Beschreibung jemals erfassen). Innerhalb der Fülle der möglichen Unterschiede zwischen den Personen gibt es jedoch eine ganze Reihe von ihnen, die *sozial irrelevant* sind und eine Mannigfaltigkeit von unterschiedlichen Eigenschaften die demgegenüber *sozial relevant* sind. Unter „sozial relevanten" Unterschieden zwischen Menschen verstehe ich solche, bei denen eine wie immer auch kleine oder große Gruppe

---

23 Th. W. Adorno: Vorlesung über negative Dialektik, Frankfurt/M 2003, S. 21. Vgl. auch St. Müller: Logik, Widerspruch und Vermittlung. Aspekte der Dialektik in den Sozialwissenschaften, Wiesbaden 2011, S. 53 ff.

von Menschen ihr Denken und Handeln an diesen besonderen Merkmalen ausrichtet. Sie bezieht dazu im Rahmen ihrer Möglichkeiten Stellung. (Von der einfachen kausal bedingten Reaktion bis hin zu komplexen Äußerungen ihrer kommunikativen Vernunft). Der Neigungswinkel der Ohren des Flugschülers ist – soweit ich mit der Aeronautik vertraut bin – selbst für einen Lehrer des Paragleitens ausgesprochen irrelevant. Ganz anders sieht das bekanntlich bei einem zunächst einmal phänomenal, also von der Sichtbarkeit her rein deskriptiv festzustellenden Unterschied der Hautfarbe aus. Aufgrund eines Sinneseindrucks weiß man in groben Zügen sofort, aus welchen Kontinenten auf diesem Globus bestimmte Personen und/oder ihre Vorfahren stammen. Diese reine Tatsachenfeststellung ist an sich völlig harmlos. Es handelt sich also um einen Unterschied, der zwar sozial relevant, aber nicht von herausragender Bedeutung ist und nichts mehr als das einfache Faktum einer bestimmten Hautfarbe notiert. Mögen die Unterschiede (Merkmalsungleichheiten) zwischen den Individuum gesellschaftlich so relevant sein, wie sie wollen, sie können als solche nicht einfach automatisch mit den *normativ* (wertenden oder *präskriptiven*) Vorstellungen von Gleichheit und Ungleichheit identifiziert werden. „Alle Menschen sollten vor dem Gesetz gleich sein." – „Die Verschärfung der sozialen Ungleichheit in der Form wachsender Abstände zwischen Arm und Reich hat nicht nur in den USA, sondern auch in der Bundesrepublik Deutschland ein skandalöses Ausmaß angenommen." Die entscheidende Frage lautet in diesem Zusammenhang: Aufgrund welcher Motive, Maßnahmen und Mechanismen einerseits, aufgrund welcher Orientierungen von wem an welchen Maßstäben andererseits werden sozial relevante Unterschiede in *soziale Ungleichheiten* transformiert? Auf welchen normativen Prinzipien gründen dann Unterscheidungen wie die zwischen positiv bestimmter *Gleichheit* der Menschen wie im Falle des Anspruchs auf Gleichbehandlung „ohne Ansehen der Person" vor irgendwelchen Instanzen etwa gegenüber der durchweg negativ beurteilten politischen Strategie der „Gleichmacherei"? Gleichmacherei wird politisch z.B. dem „Bund der Gleichen" von Gracchus Babeuf (1760-1797) zu Zeiten der Französischen Revolution nachgesagt und der Massenmörder Pol Pot hat sie in der jüngeren Vergangenheit tatsächlich auf die brutalstmögliche Weise praktiziert. Wann und warum wird *soziale Ungleichheit* – wie etwa im Falle „leistungsgerechter Bezahlung" – ausdrücklich gewollt und *positiv* bewertet? Welche normativen Prinzipien bedingen die sprachlich vorherrschend negative Beurteilung von Erscheinungsformen *sozialer Ungleichheit* als Ausdruck von Ungerechtigkeit? Bei der Andeutung von Antworten auf Fragen dieses Kalibers beschränke ich mich auf die Ebene *sozialer Diskrepanzen*. Unter „sozialen Diskrepanzen" verstehe ich soziale Ungleichheiten auf gesamtgesellschaftlichem Niveau – wie vor allem soziale Klassen und/oder gesellschaftliche Schichten.

Communio originaria und die inneren Unterschiede der Gleichheit.

Von der Geschichtsschreibung der abendländischen Sozialphilosophie wird eine ganze Reihe von Theorien menschlichen Zusammenlebens überliefert, die mit der Annahme einer ursprünglichen *Gleichheit* unter den Menschen in Form einer *communio originaria* (ursprünglichen Gemeinschaft) arbeiten. Da die gesamte Geschichte der Menschheit vor dem Kapitalismus und der Industrialisierung – bei aller großen Bedeutung von Handwerkskünsten, Märkten und Handelsbeziehungen schon zu frühen Zeiten – eine Geschichte der Entwicklung vielfältiger Varianten des übergreifenden Typus *Agrargesellschaft* darstellt, dreht sich ein großer Teil des sozialen Geschehen um Bodenbearbeitung, Bodenerträge sowie um die verschiedenen Herrschaftsordnungen, in deren Rahmen ein agrarisches Surplusprodukt (in der Form von Naturalleistungen und/oder als Grundrente) appropriiert und dynastische Kämpfe um Landgewinn geführt werden. Deswegen wird die ursprüngliche Gleichheit lange Zeit als gleiche Zugangsmöglichkeit zu Grund und Boden sowie zu landwirtschaftlichen Erträgen beschrieben. Es wird dabei oftmals ein fiktiver Ausgangszustand angenommen, in dem Grund und Boden *gleich* verteilt sind. Das bedeutet nicht zuletzt: Die anbaufähige Fläche wird zu gleichen Teilen oder so unter die Bewohner eines Landes aufgeteilt, dass jeder nur so viel anbauen kann, wie zur Sicherstellung seiner Ernährung erforderlich ist. Es gibt also so etwas wie einen gleichberechtigten Zugang zum entscheidenden Gut (Produktionsmittel): Land. Auch einige der sog. „Kirchenväter" der katholischen Religion haben eine – wie z.B. Manfred Brocker zeigt – dem ähnliche Position vertreten: Gott habe die Natur den Menschen gemeinsam (mit gleichen Anspruchsrechten) übergeben.[24] Der

---

24 Vgl. M. Brocker: Arbeit und Eigentum. Der Paradigmenwechsel in der neuzeitlichen Eigentumstheorie, Darmstadt 1992, S. 35 ff. „Physiokratie" bedeutet „Herrschaft der Natur". Physiokraten wie Turgot oder das Schuloberhaupt F. Quesnay stehen an der historischen Nahtstelle zwischen agrargesellschaftlichem Feudalismus und der zunehmend industrialisierten kapitalistischen Moderne. Sie lehren, dass letztendlich nur Grund und Boden (nicht die Arbeit wie bei John Locke) die Quelle eines gesellschaftlichen Mehrprodukts (produit net) sein können. Dass der Boden bearbeitet (kultiviert) werden muss, ist ihnen natürlich klar.

Physiokrat Anne Robert Jacques Turgot (1727-1781), einige Zeit Finanzminister unter Ludwig XVI., trägt ein klares Argument dafür vor, warum die Menschheit diesen idyllischen Ausgangszustand (Naturzustand) verlassen muss.[25] Auch er geht zunächst von der Fiktion eines Ausgangszustandes aus, worin alle Menschen *gleich* sind. Es besteht also Gleichheit in den Chancen des Zugangs zu den Böden und ihren Erträgen. Eine weitere Annahme lautet, dass es keinen agrarischen Überschuss gibt, der über das (wie immer auch rein physisch oder kulturell definierte) Niveau hinausreicht, das für die Selbsterhaltung der landbearbeitenden Familie erforderlich ist. Anders ausgedrückt: Es kann auch zu keinem Austausch der Erträge kommen, weil niemand über einen Vorrat verfügt, der über das hinausreicht, was für seinen eigenen Lebensunterhalt notwendig ist. Turgot zeigt, dass dieses kontrafaktisch entworfene Modell instabil ist: „Auch wenn dieser Zustand möglich gewesen wäre, so hätte er nicht von Dauer sein können. Denn wenn jeder seinen Lebensunterhalt nur aus dem eigenen Acker gewinnt und nichts besitzt, um fremde Arbeit zu bezahlen, so kann er seine übrigen Bedürfnisse, wie Wohnung und Kleidung, nur durch die eigene Arbeit befriedigen. Dies ist aber so gut wie unmöglich, denn es gibt keinen Boden, der alle Erzeugnisse liefert."[26] Jeder Landwirt würde alsbald das anbauen, was sein Grundstück hergibt und „sich seinen übrigen Bedarf auf dem Tauschwege von den Nachbarn verschaffen", die ihrerseits „nur die für ihren Acker vorteilhafteste Frucht anbauen."[27] Jede Lehre über die Entwicklung des gesellschaftlichen Reichtums muss also die Arbeitsteilung und Tauschrelationen einbeziehen. Turgot berücksichtigt zudem, dass die meisten Früchte, welche die Natur hervorbringt, nicht in ihrem ursprünglichen Zustand belassen werden können. Die reinen Naturprodukte müssen durch „menschliche Kunst verarbeitet werden."

Natürlich gibt es verschiedene Positionen in der Geschichte der abendländischen Sozialphilosophie, die der Annahme einer *„ursprüngliche(n)* Gemeinschaft des Bodens, und hiemit auch der Sachen auf demselben (communio fundi originaria)" strikt entgegengesetzt sind (MS 359). So werden beispielsweise Gott und die Götter zu Zeugen

---

25 A. J. R. Turgot: Betrachtungen über die Bildung und Verteilung des Reichtums (1766); dt. 1946). Dazu auch J. Ritsert: Seminarmaterialien 21: Surplusappropriation in der Oikoswirtschaft. Das Modell von Anne Robert Jacques Turgot, Frankfurt/M 2006 (Herunterladen von der Homepage www.ritsert-online.de möglich).
26 J. Turgot: Betrachtungen, a.a.O.; S. 15.
27 Ebd.

dafür aufgerufen, dass eine Herrenkaste oder der Monarch von Gottes Gnaden in seine dominierende Rolle, auch in seinen Landbesitz eingesetzt wurde – wenn der Fürst selbst nicht gleich wie römische Kaiser zum Gott erhoben wird. Aber die Strategie der Gedankenführung, von einem (manchmal durchaus als real angenommenen, manchmal als Fiktion eingesehenen) Naturzustand ursprünglicher Gleichheit der Menschen auszugehen, dann die Faktoren zu benennen, die zum Ausgang aus dem Naturzustand zwingen und zu gesellschaftlichen Phänomenen wie Eigentum oder Staat führen, wird noch in unseren Tagen z.B. von John Rawls (s.o.) oder in einem konservativeren Geist von R. Nozick als methodisch sinnvoll erachtet.[28] In der Tat macht es guten methodischen Sinn – ähnlich wie bei Webers Überlegungen zum Idealtypus als Erkenntnismittel – von kontrafaktischen (idealisierten) Annahmen auszugehen, um dann die Faktoren und Prozesse auszugraben, die zu tatsächlich vorhandenen gesellschaftlichen Ereignissen und Einrichtungen geführt haben (könnten).

„Die ursprüngliche Gleichheit"? Auch wenn es sich um eine Idealisierung bzw. Fiktion handelt, sie erweckt den Eindruck eines homogenen Begriffs von Gleichheit. Abgesehen davon, dass Menschen immer nur in bestimmten Hinsichten als *gleich* erkannt werden können, ist „Gleichheit" gar kein immanent homogener Begriff (im Sinne der völlig unbestimmten Sichselbstgleichheit). Das gilt sogar für den logischen Grundsatz der Identität selbst, den Hegel ja als das Prinzip der „unterschiedslosen Sichselbstgleichheit" bezeichnet. Mit einem einfachen Argument zeigt er auf, dass diese Unterschiedslosigkeit, Unbestimmtheit, den Unterschied in sich selbst schon enthält. Die logische Formel des Satzes der Sichselbstgleichheit lautet: A = A. Um diesen Satz aussprechen oder denken zu können, muss ich A zweimal nennen und damit mich einer Unterscheidung bedienen. Anderenfalls bleibt nur so etwas wie „om" übrig.

Es gibt aber darüber hinaus die Möglichkeit und Notwendigkeit der inneren inhaltlichen Differenzierung des Begriffs der sozialen Gleichheit. Der Plural „Ungleichheiten" ist natürlich immer auch eine Funktion der Vielfalt der Dimensionen, auf denen einzelne Menschen an sich als gleich oder ungleich beschrieben und/oder bewertet werden können. Um den Überblick über die sich damit ergebende Mannigfaltigkeit feststellbarer Ungleichheiten zu behalten, erscheinen mir Einteilungsvorschläge von Douglas Rae – ergänzt durch einige Thesen von M. Walzer – zur Illustration und Dokumentation

---

28 R. Nozick: Anarchy, State and Utopia, Oxford 1974.

weiterhin besonders geeignet.[29] Folgt man der Terminologie dieser beiden Autoren, so lassen sich drei grundlegende Spielarten von „Gleichheiten" abgrenzen:
1. Die „einfache Gleichheit" (Walzer).
2. Die „segmentale Gleichheit" (Rae).
3. Die „blockbezogene Gleichheit" (Rae).

Ad 1: Die einfache Gleichheit stellt gleichsam das Spiegelbild der kommutativen Gerechtigkeit dar. Logisch wurzelt sie in der Kategorie der Identität. Denn es geht um mindestens eine sozial relevante Hinsicht (Dimension), in der alle Menschen als unmittelbar *gleich* angesehen und/oder behandelt werden. Jeder Einzelne hat die *gleichen* Pflichten und/oder kann die *gleichen* Rechte in Anspruch nehmen. Gleiches Recht für alle! Bei sozialen Ungleichheiten als Negativität sieht das nicht anders aus. Das Individuum ist in *gleicher* Weise wie alle anderen von Benachteiligungen, Diskriminierungen und Repressionen durch konkrete Menschen betroffen. Und der anonyme, stumme Zwang der modernen Verhältnisse erwischt sogar die Kapitalisten! Rae spricht in diesem Falle daher von „einfachen, individuenbezogenen Gleichheiten". Bei der einfachen Gleichheit handelt es sich im einfachsten Fall um Gleichheitsbestimmungen, die auf einzelne Menschen bezogen sind. Man könnte sie auch als „arithmetische Gleichheiten" bezeichnen. Denn alles entspricht dem Prinzip nach der Tortengleichheit. Jedes Kind auf der Party enthält – in den Grenzen gelegentlich gerade bei dieser Gelegenheit dramatisierter Messfehlern nach Augenmaß – exakt den gleichen Anteil an der Geburtstagstorte. Und diese Verteilungsstrategie gilt allen Beteiligten an sich als gerecht. Kurzum: Es „gibt eine Klasse von Gleichen, und (mindestens –J.R.) eine Gleichheitsbeziehung besteht zwischen allen ihren Mitgliedern" (E 20). Auch die Forderung nach *Chancengleichheit* zielt auf einfache Gleichheit. Denn jedes Subjekt soll beim Start genau die gleiche Chance haben, das Ziel zu erreichen. In diesem Falle werfen bekanntlich die Unterschiede der Talente einige Probleme auf.

Ad 2: Rae behandelt zwar die „segmentäre Gleichheit" als einen Untertypus der „individuenbezogenen Gleichheit" überhaupt, aber den Bezugspunkt der segmentären Gleichheit bilden „aggregierte Subjekte". Denn es wird eine innere Einteilung einer *Menge* von Gleichen vorgenommen; sie wird in Segmente eingeteilt (E 28 ff.). *„Eine segmentale Subjektstruktur ist durch zwei Wesenszüge zu definieren: (1) Die Subjekte der Gleichheit*

---

[29] Vgl. M. Walzer: Sphären der Gerechtigkeit. Ein Plädoyer für Pluralität und Gleichheit, Frankfurt/New York 1992. Ausgangspunkt: J. Ritsert: Gerechtigkeit und Gleichheit, a.a.O.; S. 60 ff.

2 Gleichheit

werden in zwei oder mehr wechselseitig einander ausschließender Teilmengen eingeteilt und (2) innerhalb der Untermengen ist eine Paar-zu-Paar-Gleichheit erforderlich" (E 29; Herv. i.Org.). Nehmen wir zum Beispiel die Menge der Arbeitskräfte in einer klassisch hierarchisch organisierten Verwaltungseinrichtung. Da gibt es den Behördenleiter. Darunter vielleicht so etwas wie „Sektionsleiter" (Ressortleiter) als Segment, dessen Mitglieder alle nominell gleichberechtigt sind und die die gleichen Aufgaben haben. Darunter ein etwas größeres Segment „Sachbearbeiter", für die das ebenso aussieht. Darunter ... usf. bis herunter zu den Azubis (vgl. E 30). Für den, der auf der gleichen Stufe der Hierarchie herum klettert, gelten beispielsweise die gleichen Leistungsanforderungen und er sollte an sich – bei entsprechendem Nachweis – nicht nur das gleiche Gehalt, sondern auch die gleichen Aussichten auf Beförderung haben.

Ad 3: Sowohl bei der einfachen als auch bei der segmentären Gleichheit sollen Personen mit bestimmten Merkmalen in irgendwelchen Hinsichten gleichgestellt oder gleichbehandelt werden. Bei blockbezogenen Gleichheiten bzw. Gleichheitsforderungen werden die Gruppen als Gruppen zum Bezugspunkt der Betrachtung und Bewertung. Nun rückt also die Gleichheit oder Ungleichheit ganzer „Blöcke" in das Zentrum der Untersuchung. „Formal *lassen sich block-gleiche (bloc-equal) Strukturen durch zwei Wesensmerkmale bestimmen: (1) Die Subjekte der Gleichheit werden in zwei oder mehr Teilmengen eingeteilt und (2) Gleichheit wird vom Verhältnis zwischen den Teilmengen (blocs) und nicht innerhalb dieser verlangt.*"[30] So sollen der Idee nach die „Blöcke" Frauen und Männer in der Arbeitswelt bei gleicher Qualifikation die gleichen Chancen haben, einen Job zu bekommen und den gleichen Lohn für gleiche Leistung bei der Arbeit erhalten – so sieht das Gebot, gewiss nicht die gesellschaftliche Wirklichkeit aus. Gleichwohl kann die Bezahlung innerhalb der beiden Segmente je nach Leistung durchaus verschieden hoch sein. Auch das gilt in unserer Lebenswelt als gerecht!

Michael Walzer knüpft ähnliche Überlegungen an seine Grundunterscheidung zwischen „einfacher" und „komplexer Gleichheit". Sie wurzelt selbstverständlich in den logischen Kategorien „Unterschied" und/oder „Gegensatz", inhaltlich in der Grundunterscheidung zwischen sozial relevanten Unterschieden und Gegensätzen einerseits, kritisch bewerteten sozialen Ungleichheiten andererseits. Die einfache Gleichheit entspricht der Tortengleichheit. Die komplexe Gleichheit zielt bei Walzer kritisch auf die Möglichkeit, dass der Besitz eines aus einer bestimmten Sphäre der Gesellschaft

---

30 D. Rae: Equalities, a.a.O.; S. 32.

stammenden „Gutes" Akteuren deutliche Chancen für erfolgreiche Machtausübung in einem oder mehreren anderen Bereichen eröffnet. Wer viel Geld hat, verfügt über signifikant erhöhte Aussichten, seinen Prozess vor Gericht zu gewinnen oder beim Urteil besser wegzukommen. Das komplexe Gleichheitsgebot definiert Walzer von daher z.B. so: *„Kein soziales Gut X sollte ungeachtet seiner Bedeutung an Männer und Frauen, die im Besitz eines anderen Gutes Y sind, einzig und allein deshalb verteilt werden, weil sie dieses Y besitzen"*[31] Ein so gearteter Verteilungsprozess wäre nach diesem Kriterium gerecht.

Jean Jacques Rousseau, Immanuel Kant und die drei Hauptdimension gesamtgesellschaftlicher Ungleichheitsanalysen.

Auch im Falle sozialer Ungleichheit lässt sich die Diskussion auf einer grundlegenden und weit verbreiteten Einteilung von Untersuchungsdimensionen aufbauen: In seiner „Anthropologie in pragmatischer Hinsicht" nennt Kant drei Hauptbestandteile unserer Fähigkeiten, „auf andere Einfluss zu haben": „Dieses Vermögen enthält gleichsam eine dreifache Macht in sich: *Ehre, Gewalt* und *Geld* ..."[32] Diese Aussage impliziert drei entscheidende Dimensionen zur Darstellung und Analyse gesellschaftlicher Diskrepanzen, die damals, zuvor und auch heute noch das Achsenkreuz abstecken, worin zahlreiche, wenn nicht die meisten Autoren, Kommentatoren sowie gegen die herrschende soziale Ungleichheit widerständige Zeitgenossen ihre Darstellung und Analyse sozialer Diskrepanzen abtragen. Er bringt seinen Vorschlag an anderer Stelle selbst in eine sprachliche Form, die man auch in vielen sozialwissenschaftlichen Forschungsprojekten und Theorien über soziale Ungleichheit in der Gegenwart wiederfinden kann: *Reichtum, Ehre* und *Macht* (GMS 18).[33] Fast genau in dieser Form sind die drei Grundbegriffe zum Beispiel schon bei Jean Jacques Rousseau zu finden: „Diese Unterschiede sind von mehrerlei Art; aber da im allgemeinen Reichtum, Adel oder Rang, Macht und persönliche Verdienst die Hauptunterscheidungen sind, nach denen man in der Gesellschaft

---

31 M. Walzer: Sphären der Gerechtigkeit, a.a.O.; S. 50 (Herv. i. Org.).
32 I. Kant: Anthropologie in pragmatischer Hinsicht, Werke VI, a.a.O.; S. 608 (B 234). An anderer Stelle (Metaphysik der Sitten BA 1,2) heißt es bei ihm: „Macht, Reichtum und Ehre, selbst Gesundheit, und das ganze Wohlbefinden und Zufriedenheit mit seinem Zustande, unter dem Namen der *Glückseligkeit,* machen Mut und hierdurch öfters Übermut ..."
33 Vgl. J. Ritsert zum Folgenden auch: Schlüsselprobleme ..., a.a.O.; S. 160 ff. und ders: Materialien ..., Heft 4; a.a.O.; S. 9 ff.

misst, würde ich beweisen, dass der Zusammenhang oder der Widerstreit dieser verschiedenen Kräfte das sicherste Anzeichen eines gut oder schlecht verfassten Staates ist" (DU 255). Die Beschreibung von sozialer Ungleichheit wird also ausdrücklich in das Achsenkreuz von Reichtum, Ehre und Macht eingetragen, wenn man bedenkt, dass „persönlicher Verdienst" (durch Leistung etwa) sich selbstverständlich der Kategorie der „Ehre" als Prestige zuordnen lässt. Soziale Diskrepanzen stellen mithin Konstellationen von *Reichtum, Ehre und Macht* dar. Damit scheint das gesamte Achsenkreuz allerdings zwangsläufig die *negative* Tönung anzunehmen, die Erscheinungsformen sozialer Ungleichheit im Allgemeinen beigemessen wird. Doch es lässt sich zeigen, dass die drei Kategorien an sich einen normativen *Doppelcharakter* aufweisen: sie implizieren Negativität *und* Positivität zugleich.

Reichtum, Aneignung und Appropriation.

Auf die Frage, was wohl der Ursprung der sozialen Ungleichheit unter den Menschen sei, gibt es eine Fülle verschiedenartiger Antworten. Marx' Theorie der sog. „ursprünglichen Akkumulation" beispielsweise bedeutet einen Versuch zur Beantwortung der Frage, auf welchen (oftmals gewaltförmigen) Wegen sich Reichtum in der Form des modernen Kapitals bei einer (inhomogenen) Klasse von Menschen angehäuft hat, während die große Mehrheit der ungleich ärmeren Bevölkerung von ihrer Lebensgrundlage auf dem Land „befreit" und nicht zuletzt in die Armenhäuser, Manufakturen und Fabriken getrieben wurde. Eine nicht minder berühmte Antwort hat Jean Jacques Rousseau (1712-1778) in seinem „Discours sur l'origine et les fondemets de l'inegalité parmi les hommes" (Diskurs über den Ursprung und die Grundlagen der Ungleichheit unter dem Menschen" von 1755) gegeben. Sie bezieht sich vorwiegend noch auf die Zeiten, wo weiterhin Grund und Boden und nicht das moderne Kapital den Dreh- und Angelpunkt der ökonomischen Zusammenhänge bildeten: „Der erste, der ein Stück Land eingezäunt hatte und sich einfallen ließ, zu sagen: *dies ist mein* und der Leute fand, einfältig genug waren, ihm zu glauben, war der wahre Gründe der bürgerlichen Gesellschaft" (DU 165; Herv. i. Org.).[34] In dieser berühmten Aussage steckt einerseits die Idee der Ergreifung von *Besitz* durch die Besetzung von Grund und Boden. „Es gibt aber von Natur keinerlei Privateigentum,

---

34 Rousseau setzt sich allerdings mit John Lockes Arbeitstheorie der Eigentumsbildung auseinander. Vgl. DU 201 ff. An der oben zitierten Stelle entspricht natürlich die „société civile" der klassischen *societas civilis*!

sondern entweder aufgrund weit zurückliegender Inbesitznahme – so bei denen die einstmals in herrenloses Gut gekommen sind (a) –, oder aufgrund eines Sieges ..." (b) im Kampf.[35] Auf der anderen Seite spielt Rousseau mit seiner Metapher auf seine Weise auf das an, was Max Weber später eine „Herrschaftslegende" oder den „Legitimitätsglauben" nennen wird. Den Herren ist es nach Rousseaus Bild gelungen, „aus einer geschickten Usurpation ein unwiderrufliches Recht" zu machen (DU 219). Es entsteht mithin ein auf ein falsches Bewusstsein gestütztes, ideologisch legitimiertes Eigentumsverhältnis, das die einen ein-, die anderen ausschließt. Diese Argumentation entwickelt Rousseau auf dem Hintergrund der These, dass „die Ungleichheit im Naturzustand kaum fühlbar ist" (DU 167). „Reichtum" und damit die Diskrepanz zwischen „Arm" und „Reich" ist immer schon in Verbindung mit Diskussionen über Gerechtigkeit im Bewusstsein zahlloser Generationen gewesen.

Man kann „reich" an Lebenserfahrung oder Wissen sein. Man kann „reich" z.B. mit Lob statt mit handfesten Dingen oder Geld beschenkt werden. Man kann zufrieden sein mit dem, was man von x oder y hat, obwohl einen andere deswegen für „arm" halten. Es gibt zudem den Ausruf: „Jetzt reicht's aber", d.h.: es ist genug oder ich habe genug davon. Schon diese einfachen Hinweise geben zu bedenken, dass „Reichtum" nicht unbedingt nur – wie es natürlich dem Sein und dem Bewusstsein in der kapitalistischen Gesellschaft völlig angemessen ist! – mit einem über das normale Maß hinaus gehenden Vermögen an Geld und Gütern gleichgesetzt werden muss. „Reich" kann zudem Vielfalt bedeuten – reich an Einfällen beispielsweise. Etymologische Wörterbücher weisen darauf hin, dass das Prädikat „reich" in enger Verbindung mit dem Machtbegriff steht. Denn „reich" (Wurzel: rik) bezieht sich ursprünglich auf die Macht eines Fürsten oder Monarchen. Beim Blick auf das gesamte Wirtschaftsleben eines Landes geht es um den „Reichtum der Nationen" (A. Smith). Dieser wird heutzutage vor allem als inflationsbereinigtes Bruttosozialprodukt in Geldgrößen, mitunter auch in physischen Gütermengen berechnet. Er kann auch am „Wachstum der Volkswirtschaft", also am gesellschaftlichen Mehrprodukt (als Nettosozialprodukt im Sinne des tatsächlichen Überschusses über die vorhergehende Produktionsperiode) abgelesen werden. Wenn es um Untersuchungen auf dem allgemeinen Niveau sozialer Diskrepanzen geht, dann rückt „Reichtum" also in der Form des Gesamtergebnisses einer Volkswirtschaft nach einer vorhergehenden Periode

---

35 M. T. Cicero: Vom pflichtgemäßen Handeln, Stuttgart 1976, S.23. Herrenloses Gut wird im römischen Recht als *res nullius* (niemandes Sache) bezeichnet.

– natürlich zusammen mit den Problemen seiner Entstehungsbedingungen und seiner Verteilung – in das Zentrum der Untersuchung. Fast noch mehr konzentrieren sich viele Wirtschaftstheoretiker und Wirtschaftspolitiker auf das immer wieder beschworene „Wachstum", auf den Überschuss an Gütern und Diensten über die vorgehende Periode hinaus – wenn das Ganze nicht stagniert oder gar in einer Krise schrumpft. Im Hinblick auf diese Form des Reichtums stellen sich die Fragen nach Aneignungsgerechtigkeit bei der Herstellung der Produkte und Erbringung der Dienste im Rahmen der bestehenden Herrschaftsverhältnisse (Produktionsverhältnisse) sowie nach der Gerechtigkeit oder Ungerechtigkeit der Verteilung der Produktionsergebnisse. Wenn vom „Reichtum" der einzelnen Personen oder Gruppen in einer Gesellschaft die Rede ist, denkt man in erster Linie an Leute, die über Geld, sehr viel Geld und/oder „Realvermögen" verfügen, das so unverdient sein kann, wie der Bonus von Börsenzockern. Aber das ist nur die eine, die *negative* Seite der Medaille. Es kann demgegenüber auch um die für den Lebensunterhalt physisch und auf dem jeweiligen kulturellen Niveau erforderlichen Mittel gehen. Was können sich die Menschen davon wie und in welchem Ausmaß *aneignen,* nicht zuletzt durch Arbeit *zu eigen machen*? Aneignung ist so verstanden ein Begriff mit *positivem* Akzent. Er bezeichnet eine lebensnotwendige gesellschaftliche Praxis, nach welchen Kriterien die „Lebensnotwendigkeit" auch immer bestimmt und in welchen Graden sie auch immer sichergestellt wird.[36] Von der Aneignung ist jedoch die *Appropriation* zu unterscheiden! Dann stellt sich die Frage: Wer kann sich aufgrund welcher Eigenschaften seiner Machtposition der Arbeitskraft und/oder der Arbeitsergebnisse anderer Menschen zu seinem einseitigen Vorteil bemächtigen? Die Kategorie der Appropriation weist natürlich einen *negativen* Akzent auf. Beide Praxisformen, Aneignung und Appropriation, münden im bescheidenen und oder beachtenswerten „Reichtum" in der Form des faktischen *Besitzes* aus. Jemand verfügt – wenn überhaupt – faktisch über eine bestimmte Menge von Gütern und von Chancen auf Dienstleistungen („Besitztümer"). Anders ausgedrückt: „Besitz" bezeichnet in diesem Sinne den tatsächlichen Grad des Verfügens über Güter und Dienste und/oder die faktisch erhobenen Ansprüche auf Verfügung. Die reine Inbesitznahme (Besitzergreifung) von x kann natürlich schnell zu Konflikten mit all jenen Personen und Gruppen führen, welche sich x ebenfalls zu eigen machen möchten. Es bedarf daher der *Anerkennung* der Besitzansprüche und der Besitztümer durch (letztlich) alle anderen. Erst damit wird der Besitz – normativ – in *legitimiertes Eigentum*

---

36 So wie Marx den „Stoffwechsel mit der Natur" als eine Lebensbedingung der Menschen bezeichnet.

umgewandelt. (vgl. WW 4; 232 ff., insbes. § 10). Dazu gibt es das strikte Gegenteil: Die Negativitäten liegen auf der Seite der Appropriation, die nicht mit Aneignung vermengt werden sollte. Denn wie die Metapher von Rousseau sehr schön zeigt, mündet diese Praxis, sich etwas durch Appropriation zu eigen machen, im *exklusiven Besitz* aus. Aufgrund der Verfügungsgewalt über Machtmittel gelingt es einer Gruppe von Menschen, andere Gruppen vom Zugang zu in verschiedenen Graden x *auszuschließen*.[37] Die Herren haben es aber erst richtig geschafft, wenn es ihnen darüber hinaus gelingt, ihren Status und die der Appropriation entstammenden Privilegien den Ausgeschlossenen selbst als legitim erscheinen zu lassen. Dann erst ist es ihnen gelungen, den faktisch exklusiven Besitz in *ideologisch legitimiertes Eigentum* zu überführen.[38] Dieses kann dann obendrein noch durch unverdiente Privilegien sichernde Regeln des Rechts oder der Traditionen gestützt sein. Soziale Ungleichheit versteht sich nun als der Appropriation entstammendes *materielles Privileg*. Für Rousseau zeigt sich zudem, dass unter den 3 Hauptdimensionen der Ungleichheitsanalyse und Ungleichheitskritik „der Reichtum die letzte (gleichsam die Basis – J.R.) ist, auf welche sie sich am Ende reduzieren, weil er dem Wohlbefinden am unmittelbarsten nützlich und am leichtesten mitzuteilen ist und man sich daher seiner auf leichte Art bedient, um alles übrige zu kaufen" (DU 257).

Ehre als Respekt und Prestige.

Als eine weitere Dimension der Ungleichheitsanalyse hat Kant die *Ehre* erwähnt. Dieses Wort hört sich zunächst ziemlich altfränkisch an. Denn es erinnert eher an die Adelsehre (Standesehre) vergangener Zeiten. Eine oftmals auf Blutsbande und Abstammung gegründete Rangordnung der Stände nach ihrer „Ehre" ist ja für die Ungleichheitsstruktur von Adelsgesellschaften charakteristisch. Sie wird z.B. durch Privilegien für die edlen Herren gestützt, die im Steuerrecht fest verankerten sind. Hoher Adel und hoher Klerus haben die größten Chancen auf die Appropriation von Grund

---

37 Vgl. auch M. Weber: Wirtschaft und Gesellschaft„ Köln/Berlin 1964, S. 31, wo Weber den Begriff der „Schließung", also Exklusivität, erläutert.
38 Ich umgehe den so hoch aufgeladenen Begriff des „Privateigentums" deswegen, weil er bis in unsere Tage hinein ideologisch dazu dient, die Resultate von *Appropriation* mit dem Hinweis auf die Unabdingbarkeit von *Aneignung* ideologisch zu rechtfertigen. Deswegen erscheint es so existenzbedrohend, dass grimmigen Sozialisten nachgesagt wird, sie wollten – wie es in der Frankfurter Mundart heißt – „der Omma ihr klaa Häusche" abnehmen und in Gemeineigentum überführen.

und Boden sowie der Ergebnisse der Arbeitskraft von Bauern und Handwerkern. Trotz aller historischen Besonderheiten handelt es sich bei der Ständeordnung gleichwohl um eine Hierarchie des gesellschaftlichen *Ansehens* (Prestiges) überhaupt. Die hohen Herren sehen mit Attituden der Verachtung (Diskriminierung) auf die niederen Stände herunter. Heutzutage werden hohe, mittlere und niedere soziale Stellungen (Status) vorwiegend auf Skalen des beruflichen Ansehens (Berufsprestige) eingetragen. Die entsprechenden Skalen werden bekanntlich entweder aufgrund der Einschätzung des Prestiges verschiedener Berufe durch repräsentativ befragte Akteure oder als Variablen behandelt, deren Messwerte zu einem Index zusammengefasst werden. Positionen je nach der Höhe des Einkommens, nach dem Grad der Schulbildung und des Berufs (SEB) liefern diejenigen Werte, welche von Beobachtern zum Gesamtwert des ebenso einfachen wie einschlägigen ESB-Index zur Bestimmung *sozialen Schichten* als Erscheinungsformen des gesamtgesellschaftlichen Ungleichheitssystems verrechnet werden. Die Schichten sollen allerdings in der jüngeren Vergangenheit der modernen Industrie- und Dienstleistungsgesellschaften nicht nur die sozialen Klassen abgelöst haben, sondern seien ihrerseits inzwischen von „pluralisierten soziale Milieus" in der Spaß- und Erlebnisgesellschaft verdrängt worden. Das war angesichts der Wiederentdeckung des Kapitalismus im Verlauf der Banken- und Schuldenkrise vielleicht eine etwas voreilige Diagnose mancher dem jeweiligen Zeitgeist hinterher hechelnder Ungleichheitstheoretiker. Ungleichheit im Ansehen wird auch durch äußere Statussymbole signalisiert wie beispielsweise die Perücke im Rokoko. Diese Funktion übernehmen in unseren Tagen eher PS-starke Blechkisten oder gar die in Monaco liegende Yacht. Da machen die feinen Leute „feine Unterschiede", die in der Hauptsache nach dem Ansehen gestufte soziale *Ungleichheiten* darstellen.[39] Ein vom Prestige des jeweiligen Berufes beeindrucktes Verhalten kann man immer wieder auch im Alltag beobachten. Die meisten Menschen in unserer Gesellschaft begegnen etwa dem Arzt mit größerer Ehrerbietung als dem Straßenfeger, obwohl beide an sich gesellschaftlich nützliche – wenn auch unterschiedlich komplexe – Arbeiten leisten. Warum und wodurch *soziale Unterschiede* wie die von der Art und dem Grad der gesellschaftlichen Arbeitsteilung abhängigen Funktionen, die jemand in der Gesellschaft verrichtet, zu

---

39 Vgl. dazu P. Bourdieu: Die feinen Unterschiede. Kritik der gesellschaftlichen Urteilskraft, Frankfurt/M 1982.

vielen Zeiten zum maßgebenden Aufhänger für *soziale Ungleichheit* geworden sind, stellt eine Frage dar, worum sich viele Ungleichheitstheorien drehen oder drehen müssten.[40]

Auch die Kategorie der „Ehre" weist in der Ungleichheitsanalyse den erwähnten normativen Doppelcharakter von Positivität und Negativität auf. Den Bezugspunkt von Gesellschaftskritik bilden die mit der Einschätzung des Berufsprestiges sehr oft verbundenen *Diskriminierungen*. Solche abschätzigen bis hin entwürdigenden Einstellungen und Aktionen sind – von den tiefenpsychologischen Anteilen an Vorurteil und Hass gegenüber anderen einmal abgesehen – nicht selten die Konsequenz von normativen Mustern der Stabilisierung sozialer Ungleichheit, die fest im Überbau der Gesellschaft verankert sind. So wie Klerus und Adel in der Ständegesellschaft mit gleichsam kulturell selbstverständlicher Verachtung auf die kleinen Bauern herabsahen, die weitgehend die gesellschaftliche Arbeit leisteten, werden heutzutage Menschen mit „niederem" Status oftmals latent oder manifest diskriminiert. Das ist die eine, die *negative* Seite. Die andere, die *positive*, bezieht sich auf das wohlverdiente Ansehen, auf die *Reputation*, die sich jemand aufgrund seiner besonderen Leistung verdient hat *(meritum)*. Meriten können beispielsweise den Ausschlag dafür geben, jemandes Rat zu vertrauen oder ihrem (seinem) Vorbild zu folgen. Diese Art der Einschätzung gab und gibt es in verschiedenen Formen natürlich nicht nur in modernen Gesellschaften. Man kann beispielsweise so weit zurück bis zur Wertschätzung der alten Griechen für Homer gehen. Jemand hat sich seine historisch spezifischen Meriten auf „ehrliche" und von zahlreichen anderen Menschen respektierte Art und Weise erworben. Das hat nichts mit Diskriminierung zu tun. Im Gegenteil: Der Zusammenhang mit der Grundidee der distributiven Gerechtigkeit liegt auf der Hand. Das Problem liegt eher darin, dass es eine Reihe von Kriterien für Verdienste gibt, die – wie die Herkunft der Familie – zu bestimmten Zeiten als Grundlage für eine kulturell selbstverständliche Ehrerbietung gelten, zu anderen Zeiten – wie heute – verworfen werden oder allenfalls noch in einem begrenzten Maße irgendwelche gesellschaftliche Bedeutung aufweisen. („Er stammt aus einer gutbürgerlichen Familie"). An dieser Stelle stellt sich sofort die Frage nach *universellen* Prinzipien der Kritik sozialer Verachtung. Bei der Antwort wäre nicht zuletzt an die Würde des Menschen zu erinnern, die nach Kant allen Menschen überall und jederzeit zukommt und von allen Menschen respektiert werden sollte. Anerkennung der Würde des anderen Subjekts wiederum bedeutet,

---

40 Vgl. W. Davis/ W. E. Moore: Einige Prinzipien der sozialen Schichtung, in: H. Hartmann (Hrsg.): Moderne amerikanische Soziologie, Stuttgart 1967, S. 347 ff.

seinen freien Willen zu unterstützen und die Gegenüber weder zu instrumentalisieren, noch gar der Repression auszusetzen – solange sie nicht ihrerseits zur Mitteln der Instrumentalisierung und Repression greifen. Eine solche Haltung wäre sowohl moralisch als auch gerecht (s.o.). Umgekehrt hat natürlich auch Rousseau die Rolle der „Ehre" als Negativität, als Aufhänger für Diskriminierungen sehr klar gesehen: „Da jeder die Geringschätzung die man ihm zu erkennen gegeben hatte, in einer Weise bestrafte, die der Wichtigkeit entsprach, welche er sich selbst beimaß, wurden die Racheakte schrecklich und die Menschen blutgierig und grausam" (DU 191).

Macht, Können und Repression.

Kant sagt an der aus seiner „Anthropologie" ausgewählten Stelle, das Vermögen, „auf andere Einfluss zu haben", enthielte gleichsam „eine dreifache Macht in sich: *Ehre, Gewalt* und *Geld* ..." (s.o.). Bei dieser Aussage muss man nicht zuletzt auf die verschiedenen Bedeutungsschichten der Begriffe: „Vermögen", „Einfluss" und gewaltförmige Macht achten. „Vermögen" ist in dem Kant-Zitat im Einklang mit der lateinischen Vokabel *facultas* zu lesen und das bedeutet in erster Linie so viel wie „Können" – heute sagt man dazu „Kompetenz". Die so bestimmte „Macht" im Allgemeinen wird sehr gern mit „Macht" im engeren *politischen* Sinn verquirlt. „Es steht in meiner Macht, dieses Problem zu lösen." In diesem Fall sind Können und Fähigkeiten gemeint. Das ist eine positive Sache. Es ist eine andere, wenn man stattdessen beim Blick auf die Strukturen sozialer Diskrepanzen an eine Machtordnung im Sinne Max Webers denkt. Weber zufolge besteht Macht in der „Chance" (Gelegenheit, Möglichkeit) für einen Menschen oder ein Kollektiv von Menschen, den eigenen Willen (im Grenzfall mit Gewalt) gegen den Widerstand anderer durchzusetzen. Kant erwähnt die *ultima irratio* der Macht, die nackte Gewalt, wie sie im Hobbesschen Kriegszustand aller gegen alle herrscht. Man kann diesen Doppelcharakter des Machtbegriffes auch so beschreiben: Auf der einen Seite wird Macht – positiv – als Fähigkeit und Durchsetzungsvermögen begriffen, auf der anderen Seite als in letzter Instanz gewaltförmige Repression in all ihren vielfältigen geschichtlichen Erscheinungsformen. Anderen wird der Wille zur Macht aufgezwungen und/oder es setzt sich der „stumme Zwang der Verhältnisse" (Marx) durch. Das Wort „Einfluss" hingegen klingt demgegenüber viel milder, wenn darunter nicht mehr verstanden wird, als irgendjemanden (durchaus auch durch Argumente oder durch vorbildliches Verhalten oder ...) zu irgendeinem gewünschten Handeln bewegen zu können oder bewegt zu haben. Wer Einfluss hat, der kann was erreichen. Allerding gibt es „gute" und „schlechte" Einflussnahme. Die Ungleichheitsdimension der Macht wird in den vorliegenden Stichworten weitgehend im Einklang mit Max Webers Definition gedeutet. (Die Unterdrückung von Willensäußerungen ist allerdings sehr oft auch die Funktion „anonymer", den Strategien von interessierten Akteuren nicht unmittelbar zurechenbarer Strukturen und Prozesse, die gleichwohl den Interessen der einen Gruppe bequem, denen der anderen entgegengesetzt sein können und somit institutionalisierte Ungleichheit repräsentieren). „Macht bedeutet jede Chance, innerhalb einer sozialen Beziehung den eigenen Willen auch gegen Widerstreben durchzusetzen, gleichviel worauf diese Chance beruht" (WG 38). Kants Einteilung des „Vermögens der Einflussnahme" auf andere Menschen in „Ehre, Gewalt und Geld", ist also nicht sehr weit von der Bestimmung der Achsen zur Analyse von sozialen Diskrepanzen als *Reichtum, Ehre und Macht*" entfernt, die Rousseau explizit vornimmt (s.o.). Wie fest diese Einteilung in Theorien sozialer Ungleichheit impliziert ist, kann man zu einem Beispiel auch an Max Webers Grundbegriffen ablesen, die er zur Untersuchung der Strukturen sozialer Ungleichheit vorgeschlagen hat: *Klasse, Stand* und *Partei*. (WG 678 ff.). Klassen bilden sich im Zusammenhang mit den Strategien und Mechanismen zur Sicherstellung materieller Lebenschancen und Interessen (Reichtum). Eng damit zusammenhängende Begriff sind „Besitz" (Eigentum) und „Erwerb" (Aneignung und/oder Appropriation). Stände verstehen sich als Hierarchien des Ansehens. In diesem Falle geht es um „ständische Lagen" in der Gesellschaft, wobei die „Lebensschicksale" der Menschen sich auf „eine spezifische, positive oder negative, soziale Einschätzung der >>Ehre<< zurückführen lassen, die sich an irgendwelchen Merkmalen der entsprechenden Gruppe(n) festmacht" (WG 683). Parteien stehen für Weber in engem Zusammenhang mit dem Phänomen der *Macht*. Denn „Partei" versteht er nicht einfach im üblichen Sinn einer um Wählerstimmen konkurrierenden politischen Organisation, sondern Parteien liegen für ihn überall da vor, wo es einer Gruppierung gelingt, „Einfluss auf ein Gemeinschaftshandeln gleich welchen Inhalts" zu gewinnen. So gesehen kann es Parteien in der Tat sowohl „in einem geselligen >>Klub<<" als auch „in einem >>Staat<<" geben (WG 688). Doch „Einfluss" ist – gemessen an Webers eigenen Begriffen von Macht und Herrschaft – eine zu milde Kategorie. Es geht auch ihm um die Chancen, ein Ziel zu reichen, wobei im Extremfall *Gewalt* als Machtmittel oder Manipulationstrategien, mithin repressive Techniken eingesetzt werden, um Herrenpositionen zu etablieren und zu stabilisieren.

2 Gleichheit

Metastrukturen der Ungleichheitsanalyse.

Die drei Grundbegriffe Reichtum, Ehre und Macht stecken gleichsam den allgemeinsten Rahmen für die Untersuchung und Beurteilung sozialer Diskrepanzen ab. Natürlich bestehen zwischen den mannigfaltigen Erscheinungsformen, in denen diese Bestimmungen in der Menschheitsgeschichte vorzufinden sind ebenso vielfältige wie veränderliche empirische Beziehungen. Es ergibt sich von daher ein komplexes Geflecht konkreter und veränderlicher Relationen zwischen den konkreten Erscheinungsformen von Reichtum, Ehre und Macht. Die Adelsehre stellt eine andere geschichtliche Erscheinungsform gesellschaftlichen Ansehens überhaupt dar als das Berufsprestige in der Moderne. Unter einer „Metastruktur" kann man sich die allgemeinsten Annahmen vorstellen, die über die wesentlichen Beziehungen gemacht werden, die zwischen irgendwelchen Bestimmungen, hier: zwischen diesen drei Dimensionen bestehen. In einem solchen Darstellungsrahmen werden die einzelnen empirischen Relationen in all ihrer Vielfalt überhaupt erst zusammengebracht. Bei der Beschreibung dieser Bezugssysteme kann man zunächst einmal die ganz allgemeine wissenschaftstheoretische Frage zu klären versuchen, welcher Grundtypus oder welche elementaren Typen von Beziehungen zwischen Sachverhalten überhaupt werden – hier: bei der Darstellung sozialer Diskrepanzen – vorgesetzt? Kausalität? Wechselwirkung? Grund-Folge? Funktionalität? Teleologie? Limitationalität als kybernetischer Grundgedanke der Einschränkung von Möglichkeiten des Geschehens in einem Ereignisraum? (Ashby: *constraint on variety*), dialektische Vermittlung oder stochastisch bestimmbarer Zufall beispielsweise? Was ist von all jenen Positionen in den Sozialwissenschaften zu halten, welche davon ausgehen, *Kausalität* sei die einzige Relation, die für sämtliche Zusammenhänge sowohl in der Natur als auch in der Gesellschaft maßgebend ist? Oder muss man stattdessen bei Metastrukturen von einer Art grundlegendem Pluralismus gleichrangiger Relationen ausgehen? Wie immer die Antwort auch lauten mag: Beim Blick auf Ungleichheitstheorien und zahlreiche Diskussionen über soziale Ungleichheit kann man auf einer sehr abstrakten Ebene drei Grundmuster von Annahmen über die Metastruktur von Reichtum, Ehre und Macht vorfinden:[41]

1. Alle drei Dimensionen werden als gleichrangig behandelt. Das scheint zum Beispiel bei Webers Perspektive auf die Ungleichheitsstruktur einer Gesellschaft im Lichte der

---

41 Vgl. J. Ritsert: Materialien ..., Heft 4, a.a.O.; S. 11.

Kategorien von „Klasse, Stand und Partei" der Fall zu sein. Es sieht so aus, als wolle er keine davon als Grundbestimmung des Zusammenhangs auszuzeichnen. In diese Richtung gehend wird jedenfalls sein Vorschlag in der Tat oftmals interpretiert.
2. Eine der drei Dimension wird als die „Basis" (als der Grund) des Gesamtzusammenhangs behandelt. Was bedeutet da „Basis"? Im Marxismus ist es der Reproduktionsprozess des Kapitals, der als die Basis des modernen Gesellschaftssystems ausgezeichnet wird. Damit erscheint alles mit „Reichtum" Zusammenhängende als Grundbestimmung. Andere sagen hingegen, es ist „die Sprache" oder „der Diskurs", welcher die sozialen Sachverhalte „konstruiert". In Ungleichheitstheorien rücken damit die Definitionen von „Ungleichheit" durch die Akteure selbst in das Zentrum. Anders ausgedrückt: Kulturwertideen wie das Ansehen oder die Normen des Einschlusses in oder Ausschlusses aus einem „Milieu", mithin Überbauphänomene erschein als „konstitutiv" für die Ungleichheitsstruktur. Erstaunlicherweise kann man bei Weber demgegenüber auch Bemerkungen wie die folgende vorfinden, derzufolge auch bei ihm *ökonomische* Bestimmungen als basal erscheinen: „Der indirekte Einfluss der unter dem Drucke >>materieller<< Interessen stehenden sozialen Beziehungen, Institutionen und Gruppierungen der Menschen, erstreckt sich (oft unbewusst) auf alle Kulturgebiete ohne Ausnahme, bis in die feinsten Nuancierungen des ästhetischen und religiösen Empfindens hinein."[42] Bedeutet „Einfluss" hier nichts mehr als *kausale* Beeinflussung, so wie dies lange Zeit für eine inzwischen weitgehend verblasste, streng orthodoxe Interpretation der berühmten Marxschen These galt, das gesellschaftliche Sein „bestimme" das Bewusstsein? „Bestimmen" wurde damals und nicht selten im Sinne von „naturgesetzlich streng determinierend" gelesen. Materielle Interessen verstehen sich bei Weber als *ökonomische* Interessen, die sich auf Aneignung und/oder Appropriation richten. Wenn sich ihr Einfluss trotz aller Unterschiede und Gegensätze, die zwischen ökonomischen Interessen, Prozessen, Institutionen, Organisationen und Kulturwertideen bestehen, bis in die „feinsten Nuancierung des ästhetischen und religiösen Empfindens" *hinein* erstrecken, dann hört sich das haargenau nach der Elementarstruktur eines *dialektisches Vermittlungsverhältnisses* an. Es gibt nicht einfach nur äußere Einwirkungen der basalen ökonomischen Faktoren, sondern sie vermitteln sich bis in die innere Verfassung überbaulicher, gleichwohl

---

42 M. Weber: Die >>Objektivität<< sozialwissenschaftlicher und sozialpolitischer Erkenntnis, in ders.: Gesammelte Aufsätze zur Wissenschaftslehre, Tübingen 1988 (7. Aufl.), S. 163.

auch einer eigenen Logik folgenden Ideen hinein (Implikation). Dieses übergreifende Implikationsverhältnis gehört ebenfalls zu ihrer Bestimmung als „basal".

3. Andere weisen die beiden ersten Entwürfe einer Metastruktur als unbrauchbar zurück. Mehr noch: Die gesamte Einteilung in Einkommen, Ehre und Macht wird deswegen verworfen, weil die moderne Gesellschaft hoch komplex geworden ist – auch im Hinblick auf ihre Ungleichheitsstruktur. In derart weitgehend „funktional differenzierten" Gesellschaft wie die der Industrie- und Dienstleistungsgesellschaften des 20. und 21. Jhs. findet sich eine Mannigfaltigkeit von verschiedenartigen Lebensbereichen vor, ob sie nun „Milieus", „Subsysteme" oder „Lebenswelten" oder wie auch immer sonst genannt und auf verschiedene Weisen näher bestimmt werden. „Ungleichheit" besteht in Unterschieden und Gegensätzen von Lebenschancen in ganz verschiedenartigen Lebensbereichen und ungleich verfügbaren Möglichkeiten und Mitteln, gesteckte Ziele zu erreichen. Hinzu treten verschiedenartige Mechanismen des Einschlusses und des Ausschlusses von Personen aus dem Kreis der feinen Leute (Bourdieu). Es mag verwundern, aber auch hierfür kann Max Weber womöglich in den Zeugenstand gerufen werden: „Eine soziale Beziehung (gleichviel ob Vergemeinschaftung oder Vergesellschaftung) soll nach außen >>*offen*<< heißen, wenn und insoweit die Teilnahme an ihnen ... niemand verwehrt wird, der dazu tatsächlich in der Lage und geneigt ist. Dagegen nach außen >>*geschlossen*<< dann, insoweit und in dem Grade, als ihr Sinngehalt oder ihre geltenden Ordnungen die Teilnahme ausschließen oder beschränken oder an Bedingungen knüpfen" (WG 31). Derartige Grundannahmen und ein ganzes Sortiment von der Art der erwähnten Probleme bewegen zahlreiche Theorien sozialer Ungleichheit.

Literaturverzeichnis

Th. W. Adorno: Vorlesung über negative Dialektik, Frankfurt/M 2003.

P. Bourdieu: Die feinen Unterschiede. Kritik der gesellschaftlichen Urteilskraft, Frankfurt/M 1982.

M. Brocker: Arbeit und Eigentum. Der Paradigmenwechsel in der neuzeitlichen Eigentumstheorie, Darmstadt 1992.

M. T. Cicero: Vom pflichtgemäßen Handeln, Stuttgart 1976.

G. W. F. Hegel: Werke in Zwanzig Bänden, Band 4, Frankfurt/M 1970.

Davis/Moore: Einige Prinzipien der sozialen Schichtung, in: H. Hartmann (Hrsg.): Moderne amerikanische Soziologie, Stuttgart 1967.

St. Müller: Logik, Widerspruch und Vermittlung. Aspekte der Dialektik in den Sozialwissenschaften, Wiesbaden 2011.

R. Nozick: Anarchy, State and Utopia, Oxford 1974.

J. Ritsert: Gerechtigkeit und Gleichheit, Münster 1997.

J. Ritsert: Materialien zur Kritischen Theorie der Gesellschaft, Heft 4: Macht, Klasse und Herrschaft, Frankfurt/M 2010.

J. Ritsert: Moderne Dialektik und die Dialektik der Moderne, Münster 2011.

J. Ritsert: Seminarmaterialien 21: Surplusappropriation in der Oikoswirtschaft. Das Modell von Anne Robert Jacques Turgot, Frankfurt/M 2006 (Herunterladen von der Homepage www.ritsert-online.de ist möglich).

A. J. R. Turgot: Betrachtungen über die Bildung und Verteilung des Reichtums (1766; dt. 1946).

M. Weber: Die >>Objektivität<< sozialwissenschaftlicher und sozialpolitischer Erkenntnis, in ders.: Gesammelte Aufsätze zur Wissenschaftslehre, Tübingen 1988.

M. Walzer: Sphären der Gerechtigkeit. Ein Plädoyer für Pluralität und Gleichheit, Frankfurt/New York 1992.

Siglen

E: D. Rae: Equalities, Harvard, 2. Auflage 1881.

DU: J. J. Rousseau: Diskurs über die Ungleichheit (Edition Meier), Paderborn/München/Wien/Zürich 1984.

GMS: I. Kant: Grundlegung zur Metaphysik der Sitten, Werke in sechs Bänden (hrsg. v. W. Weischedel), Band IV, Darmstadt 1964.

MS: I. Kant: Metaphysik der Sitten, Werke in sechs Bänden (hrsg. v. W. Weischedel), Band IV, Darmstadt 1964.

RPh: G. W. F. Hegel: Grundlinien der Philosophie des Rechts (1821), Hamburg 1955.

WG: M. Weber: Wirtschaft und Gesellschaft,, Köln/Berlin 1964.

WW: G.W.F. Hegel: Werke in zwanzig Bänden, Frankfurt/M 1970.

Freiheit[43]   3

„Verschaltungen legen uns fest. Wir sollten aufhören, von Freiheit zu sprechen."[44]

Determinismus und Willensfreiheit.

Welche Schaltstelle im Hirn hat den Hirnforscher darauf festgelegt, Hirnforschung und nicht z.b. Gemüsehandel zu betreiben? Schwer zu beantworten –auch nicht durch die aktuelle Hirnphysiologie![45] Denn der Streit, ob wir über einen *freien* Willen verfügen oder nicht, dauert schon seit Jahrtausenden an und ist durch die Hirnphysiologie oder andere deterministische Positionen wie etwa die, die Idee der „Freiheit" sei eine Illusion, die uns „die Gesellschaft" einpflanzt, damit wir um so besser funktionieren, seit langem und noch lange nicht entschieden.[46] Man kann beispielsweise mit Zoroaster (Zarathustra; etwa 1000 Jahre v. u.Z.) beginnen, der es für möglich hält, dass sich der Mensch frei zwischen Gut und Böse entscheidet. Viele der frühen Mythologien und Religionen gehen demgegenüber davon aus, dass die Geschicke und Handlungen der Menschen durch den Willen und Unwillen der Götter oder des einen wahren Gottes vorherbestimmt seien. So merkt beispielsweise Aristoteles an, Demokrit (zwischen 460 und 400 v.u.Z.), einer der ersten Begründer einer naturphilosophischen Atomlehre, habe es abgelehnt

---

43   Textgrundlage. J. Ritsert: Bestimmung und Selbstbestimmung. Zur Idee der Freiheit, Hamburg 2001.
44   W. Singer: Verschaltungen legen uns fest. Wir sollten aufhören von Freiheit zu sprechen, in G. Geyer: Hirnforschung und Willensfreiheit, Frankfurt/M 2004, S. 30 ff.
45   Vgl. dazu beispielsweise M. Pauen: Illusion Freiheit? Mögliche und unmögliche Konsequenzen der Hirnforschung, Frankfurt/M 2004. Und T. Honderich: Wie frei sind wir? Das Determinismus-Problem, Stuttgart 1995.
46   Für Louis Althusser praktizieren die Individuen in der Gesellschaft "Wiederkennungsrituale ..., die uns die Gewissheit geben, ganz einfach konkrete, einzig, unverwechselbare und (selbstverständlich) unersetzbare Subjekte zu sein". Dadurch fügen sie sich freiwillig „in die Unterwerfung". L. Althusser: Marxismus und Ideologie, Berlin 1973, S. 159 und 169.

von einer „Zweckursache zu sprechen" und führe stattdessen alles Geschehen, „dessen sich die Natur bedient, auf die Notwendigkeit zurück."⁴⁷ Im Hinblick auf die Zeiten der beginnenden Moderne und der sie maßgeblich beeinflussenden Philosophen könnte man Baruch Spinoza (1632-1677) und Immanuel Kant (1724-1804) einander gegenüberstellen. Spinoza sagt: „Ein Ding, das etwas zu bewirken bestimmt ist, ist notwendig von Gott dazu bestimmt worden; und ein Ding, das von Gott nicht bestimmt worden, kann sich nicht selbst zum Wirken bestimmen."⁴⁸ Bei Kant heißt es im Gegensatz dazu und gleichsam in einer expliziten Zurückweisung von Illusionstheorien der Willensfreiheit: „Der Mensch wäre Marionette, oder ein Vaucansonsches Automat, gezimmert und aufgezogen von dem obersten Meister aller Kunstwerke, und das Selbstbewusstsein würde es zwar zu einem denkenden Automate machen, in welchem aber das Bewusstsein seiner Spontaneität, wenn sie für Freiheit gehalten wird, bloße Täuschung wäre ..." (KpV 227).⁴⁹ Wie bei Kant wird in den folgenden Passagen aus freiem Willen davon ausgegangen, wir verfügten über Willensfreiheit. Oder wie Hegel sagt: Die Freiheit macht die „Substanz und Bestimmung" des Willens des Menschen als Subjekt aus (RPh § 4). Im Rahmen dieser Behauptung bleiben wahrlich noch genug Probleme übrig. Darunter auch eine ganze Reihe semantischer und metaphysischer: „Die Freiheit", „die Willensfreiheit", „der Willen", das alles sind Substantive, die sich als sehr problematisch erweisen können. Sie werden nämlich gern so behandelt, als bedeuteten sie eine Substanz oder eine Art Subjekt. Dann heißt es etwa im Sprachspiel von Hegel, der vernünftige allgemeine Wille wolle den allgemeinen Willen, also sich selbst (RPh § 27). Das entspricht offensichtlich der *volonté générale* von Rousseau. Wer aber ist der Träger dieses allgemeinen (überindividuellen) Willens, dessen Substanz „die Freiheit" ist und der nach Selbstverwirklichung strebt? Bei Hegel lautet die Antwort am Ende seines philosophischen Systems: „der Begriff", die „absolute Idee", der „absolute Geist", also letztendlich Gott. Doch er wählt auch Formulierungen wie: „Nur im Willen, als subjektivem, kann die Freiheit oder der *an sich* seiende Wille wirklich sein" (RPh § 106). Gewiss: Wenn er sagt, „die Subjektivität ist selbst die absolute Form und die existierende Wirklichkeit der Substanz" (RPh § 152),

---

47 W. Capelle: Die Vorsokratiker, Stuttgart 1953, S. 417.
48 B. Spinoza: Die Ethik. Schriften und Briefe (hrsg. v. F. Bülow), Stuttgart 1955, Sechsundzwanzigster Lehrsatz, S. 29.
49 Jacques de Vaucanson (1709-1782) ist Erfinder eines mechanischen Webstuhls und baute einen Musikautomaten nach dem Walzenprinzip sowie eine geniale mechanische Ente.

dann denkt er wie an den weitaus meisten anderen Stellen seines Werks an ein Übersubjekt wie „den Geist". Es ist mitunter aber auch das einzelne menschliche Subjekt als Träger des Selbstbewusstseins und des freien Willens gemeint. Von da aus lässt sich schlicht und einfach nachvollziehen, dass „der Wille" selbst sprachlich nicht wie eine Substanz oder ein Übersubjekt behandelt werden muss, sondern eine *Kompetenz* des Individuums darstellt. Die Aussage: „Der Wille ist frei", beschreibt dann nicht eine Eigenschaft „des Willens", sondern die Fähigkeit des Akteurs, sein Denken und Handeln (gelegentlich) selbst bestimmen zu können. Der Ausdruck „der Wille" mag als ein sprachliches Kürzel brauchbar sein, doch bei einer großen Anzahl von Gelegenheiten wäre die Prädikation „S ist *frei*" (oder die Negation: „S ist unfrei") sehr viel klarer und informativer. Diese zeigt zugleich, dass das *grammatische* Subjekt S in verschiedenen Varianten vorfindlich ist und dass das Prädikat „frei" ganz verschiedene Bedeutungen aufweisen kann. Eine kleine Typologie kann vielleicht einen ersten Anhaltspunkt liefern:

Die Fälle, die sinnvollerweise an der Stelle S der Prädikation eingesetzt werden können, decken das ganze Spektrum individueller und gesellschaftlicher Phänomene ab. Als „frei" gelten Gedanken, die sich das einzelne Subjekt selbst machen kann. „Die Äußerungen des Willens als *subjektiven* oder *moralischen* ist *Handlung*" (RPh 113). In der Tat werden bestimmte Handlungen mit aller Selbstverständlichkeit als „frei" (selbstbestimmt) beschrieben. Doch über die Lebensäußerungen von Individuen und ihren Beziehungen zu bedeutsamen Anderen hinaus werden auch Institutionen, Organisation, Abläufe, ganze Gesellschaften, ja globale Bereiche wie „die freie Welt" mit dem Eigenschaftswort „frei" bedacht. Irgendjemand oder irgendeine gesellschaftliche Instanz kann „frei" sein, etwas zu tun oder etwas zu unterlassen („Freiheit zu"). Irgendjemand oder irgendeine gesellschaftliche Instanz kann von irgendetwas „frei" sein – von Beschwerden etwa („Freiheit von"). „Freiheit" kann aber auch als eine ideologische Phrase dienen, die dazu eingesetzt wird, um Macht- und Appropriationsinteressen zu legitimieren. „Der freie Markt wird es schon richten". Es gibt verschiedene, dem allgemeinen Sprachgebrauch wohlvertraute freiheitstheoretische Begriffe, die sich auf verschiedene Momente in diesem breiten Spektrum von Möglichkeiten beziehen:
1. *Spontaneität:* „Sua sponte" – das bedeutet: von sich aus, freiwillig, aus eigenem Antrieb zu handeln. Das einzelne Subjekt sieht sich dazu befähigt, irgendeinen Effekt, irgendein Ereignis aus eigenem Antrieb, von sich aus – wenn wir gezielte Selbstveränderungen ausklammern – draußen in der Welt herbeizuführen. Mit

diesem Grundgedanken ist noch so etwas wie der Nachhall der Aristotelischen Idee der Anstoßkausalität zu vernehmen. Gott, der unbewegte Beweger, stößt ein Ereignis an, das eine ganze Kausalkette von Folgeereignissen auslöst. Das Subjekt erscheint als selbständiger Urheber. Es ist die ursprüngliche Quelle des Geschehens. Jemand, der sich selbst bewusst zu einem bestimmten Vorgehen bestimmt hat, muss jedoch die Effekte seiner Taten auch verantworten. Es ist ein uralter Gedanke: Wer etwas bewusst und gezielt von sich aus getan hat, kann auch unter den entsprechenden Umständen verantwortlich gemacht und schuldig gesprochen werden. In der deutschen Alltagssprache gilt allerdings jemand dann vorzugsweise als „spontan", wenn sie oder er ohne großes Nachdenken aus dem Augenblick, aus „dem Bauch" heraus handeln. Eine spontane Person handelt demnach kurz entschlossen. Deswegen darf an dieser Stelle auf gar keinen Fall der Hinweis auf einen alten Sponti-Befehl in der Form eines performativen Selbstwiderspruches vergessen werden. Der Befehl lautet: „Sei spontan!".

2. *Wahl- und Entscheidungsfreiheit*: Wer die Wahl hat, hat die Qual. Und es ist besonders quälend, überhaupt keine Wahl zu haben. Wahlfreiheit setzt voraus, dass man immer auch hätte anders handeln, andere Mittel hätte wählen, sich andere Ziele hätte stecken können. Wahl- und Entscheidungsfreiheit hat also entscheidend etwas mit bestehenden *Optionen* zu tun. Optionen sind Mittel und Wege, die einem Akteur an sich zur Verfügung stehen, um unter den gegeben Umständen sein Ziel – wenn möglich: wohlüberlegt (rational) – zu erreichen bzw. ein Problem erfolgreich(er) zu bearbeiten. Deswegen werden die modernen Spiel- und Entscheidungstheorien auch „Theorien rationaler Wahlhandlungen (*rational choice theories*) bzw. „Entscheidungstheorien" (*decision theories*) genannt (RCT). Dabei wird oftmals davon ausgegangen, der Akteur wolle bei seinen Entscheidungen angesichts vorhandener Bedingungen, Mittel und verfügbarer Strategien durch zweckrationale Überlegungen das Beste für sich herausholen: Derartige Modelle „unterstellen mithin, dass der Akteur sich Handlungsmöglichkeiten, Opportunitäten bzw. Restriktionen ausgesetzt sieht; dass er aus Alternativen seine Selektionen vornehmen kann; dass er dabei findig, kreativ, reflektiert und überlegt, also resourceful vorgehen kann; dass er *immer* eine ‚Wahl' hat; dass diese Selektionen über Erwartungen (expectations) und Bewertungen andererseits gesteuert sind; und dass die Selektion des Handelns aus den Alternativen der Regel der Maximierung folgt. Diese Regel ist explizit und

präzise – und anthropologisch gut begründet."[50] Sicherlich ist es ironisch gemeint, wenn hier behauptet wird, die Maximierungsregel sei „anthropologisch gut begründet". In der Tat hat der Anthropologe D. Graeber erst jüngst wieder den neoklassischen Mythos vom einfachen Warentausch (*barter*) entzaubert und darauf bestanden, „dass das moralische Leben doch in etwas mehr als dem wechselseitigen Vorteil" wurzelt.[51] Dennoch bleibt die Maximierungsregel – wie bekannt ist – ein dogmatisches Prinzip der modernen neo-klassischen Nationalökonomie. Ebenso gewiss ist es, dass die sog. „Mikroökonomie" als Theorie der individuellen Nutzenmaximierung entscheidend von der Theorie rationaler Wahlhandlungen getragen wird. Diesen Grundvorstellungen entsprechend erscheint die Gesellschaft als ganze gleichermaßen als „ein notwendiger Interaktionszusammenhang von Akteuren, die ihr eigenes Wohlergehen optimieren wollen" (RCT 46). A. Sen spricht von einer „utilitaristischen Formel", welche die „Maximierung der Summe aller Nutzengrößen aller Leute *zusammen genommen*" verlangt, um den Gesamtzustand einer Gesellschaft bewerten zu können.[52] Von Kant wird die Wahlfreiheit als „Freiheit der Willkür" bezeichnet. Das hat nichts mit einem hemmungslosen Vorgehen zu tun. Gemeint ist Wahlfreiheit. Hegel beschreibt sie gleichsam als ein Zwischenstellung empirischer Willensäußerungen „zwischen dem Willen als bloß durch die natürlichen Triebe bestimmt und dem an und sich freien Willen" (RPh § 15).

3. *Freiheitsspielräume*: Es versteht sich von selbst: Wer tatsächlich die Wahl hat, ist nicht auf eine einzige Möglichkeit und Richtung seines Vorgehens festgelegt. Er verfügt über einen Handlungsspielraum, wie eng oder breit dieser immer auch sein mag. Es gibt zahllose historische Gelegenheiten, in denen dieser Spielraum bis zu seinem völligen Verschwinden eingeschränkt ist. „Der Mensch ist frei und überall liegt er in Ketten", mit diesen Worten beginnt das erste Kapitel des ersten Buches von J. J. Rousseau über den Staatsvertrag (*Du Contrat Social*).[53] Von daher versteht sich „Freiheit" auch als *Emanzipation*, als Befreiung von individuellen und/ oder kollektiven Zwängen, von Unterdrückung, Ausbeutung, Manipulation, mithin von allen geschichtlichen Erscheinungsformen der Repression. Im Widerstand

---

50 H. Esser: Soziologie. Allgemeine Grundlagen, Frankfurt/New York 1993, S. 238. (Herv. i. Org.).
51 D. Graeber: Debt. The first 5000 years, New York 2011, S. 91.
52 A. Sen: Inequality Reexamined, Harvard 1992, S. 13.
53 J. J. Rousseau: Vom Gesellschaftsvertrag oder Grundsätze des Staatsrechts, Stuttgart 1977, S. 5.

dagegen versuchen im großen historischen Stil Freiheitsbewegungen, im kleineren Stil einzelne Menschen im Alltag Freiheitsspielräume zu gewinnen oder zurück zu gewinnen. Ein „Freiheitsspielraum" kann für physische Bewegungen bestehen oder rechtlich garantiert (z.B. „Niederlassungsfreiheit", unbeschränkte Ein- und Ausreise etc.) sein. Ein Freiheitsspielraum kann in Formen der Ungebundenheit der Individuen oder Gruppen bestehen. Sie können dann tatsächlich tun und lassen, wonach ihnen der Sinn steht. Jeder kann dann nach seiner Façon selig werden. Damit entsteht jedoch das schwerwiegende Problem, dass „Freiheit" als größtmögliche Ungebundenheit und Aufhebung von Beschränkungen möglichst nicht in der hemmungslosen Ausübung der „Freiheit der Willkür" ausmündet, sondern mit den Bedingungen eines „vernünftigen" Zusammenlebens vereinbart werden kann. Wie ist also zu verhindern, dass die Unabhängigkeit in Zügellosigkeit übergeht? Wie kann „der freie Gebrauch deiner Willkür mit der Freiheit von jedermann" nach einem sie vergesellschaftenden und verpflichtenden Gesetz „zusammen bestehen"? (MS 338). Zwei gegenläufige Antworten sind weit verbreitet. *Thesis*: Nur wenn die Kooperation den größtmöglichen Nutzen für möglichst viele Beteiligte verspricht, ist Kooperation wahrscheinlich. *Antithesis*: Nein, es gibt es die Notwendigkeit der „Kommunalität" im Sinne etwa der „substantiellen Sittlichkeit" Hegels.

4. *Autonomie*: „Es ist nichts in der Welt, ja überhaupt auch außer derselben zu denken möglich, was ohne Einschränkung für gut könnte gehalten werden, als allein ein *guter Wille*" (GMS 18). Bei der Autonomie geht es nicht primär um den entschlossenen Entschluss (Spontaneität) oder die überlegte Wahl (rational choice), sondern um die Fähigkeit des Subjekts, etwas *selbständig*, wohlüberlegt und aus freien Stücken zu bewegen und zu erreichen – in der Welt, bei anderen, bei sich selbst. Den Träger eines Willens, insoweit er frei, *selbstbestimmt* und nicht *fremdbestimmt* ist, verkörpert das menschliche Individuum als *Subjekt*. Als Subjekt wiederum kann das Individuum gelten, wenn es mit Überlegung seinem Handeln eine Richtung, Kant sagt: „ein Gesetz" gibt. Denn „Autonomie" bedeutet im Griechischen das selbst gegebene Gesetz des Denkens und des Handelns. Etwas wird mit dem Willen *und* Bewusstsein des selbständigen Einzelnen auf vernünftige Weise in die Wege gebracht. Wille und Selbstbewusstsein (zusammen mit dem Bewusstsein von Gegebenheiten) sind nicht zu trennen. Es ist unsinnig zu meinen, man könne „Willen haben ... ohne

Intelligenz."⁵⁴ Es ist methodisch jedoch gewiss nicht unsinnig, von einem idealisierten Gedanken im Sinne einer bestimmten Menge von kontrafaktischen Annahmen auszugehen. Auch der Webersche Idealtypus baut ausdrücklich auf „Idealisierungen", also kontrafaktischen Annahmen auf. Der Entwurf eines Typus rein zweckrationalen Vorgehens kann z.B. geeignet sein, um die Tragweite, die Erscheinungsformen und die Folgen eines „zweckirrationalen" Vorgehens besser einsehen zu können.⁵⁵ Diese Rolle kann zum Beispiel auch die Fiktion einer *communio originaria* als Ausgangszustand der Menschheitsentwicklung spielen (vgl. den Abschnitt „Gleichheit"). Dem entspricht weitgehend Hegels *Idee* eines reinen und absolut freien Willens, solange man nicht dem Grundzug seiner absolut idealistischen Philosophie folgt, darunter die Kompetenz eines absoluten Geistes zu verstehen. „Der an und für sich seiende Wille ist *wahrhaft unendlich,* weil sein Gegenstand er selbst, hiermit derselbe (der Gegenstand – J.R.) für ihn nicht ein *Anderes* noch *Schranke*, sondern er darin vielmehr nur in sich zurückgekehrt ist" (RPh § 22; Herv. i. Org.). Die kontrafaktische, also sich nicht mit den tatsächlichen Möglichkeiten unserer empirisch freien Willensäußerungen deckende Idee des „an und für sich seienden" Willens weist von daher folgende Merkmale auf: (a) Der Wille „ist in sich zurückgekehrt". Er ist selbstbezüglich. Es handelt sich somit um die Idee eines freien Willens, dem seine „Freiheit Gegenstand" sein soll (RPh § 27). M.a.W.: Es geht um den freien Willen, der den freien Willen verwirklichen will, um vernünftige Praxis (ebd.). (b) Er ist absolut – und das heißt: losgelöst von jeder Heteronomie. „Nur in dieser Freiheit ist der Wille schlechthin *bei sich,* weil er sich auf nichts als auf sich selbst bezieht, so wie damit alles Verhältnis der *Abhängigkeit* von etwas *anderem* hinwegfällt" (RPh § 23). Das ist der Kern des Kontrafaktischen. (c) Er ist *allgemein* – analog der *volonté générale* von Rousseau. Insofern ist er als *„die sich selbst bestimmende Allgemeinheit",* als *„der Wille, die Freiheit"* zu begreifen (RPh § 20). (d) Doch anders als es der Hauptlinie des Hegelschen System der philosophischen Wissenschaften entspricht, wird hier – wie gesagt – nicht „der absolute Begriff", „die absolute Idee" bzw. der „absolute Geist" als der Träger des freien Willens angesehen, sondern das empirische menschliche

---

54 G. F. Hegel: Rechtsphilosophie von 1824/25 (Griesheim-Mitschrift), Ed. Ilting, Band IV von 1973, S. 107.
55 M. Weber: Gesammelte Aufsätze zur Wissenschaftslehre, Tübingen 1968 ff., S. 430.

Individuum als Subjekt, das das Prinzip der Einzelheit verkörpert.[56] Das deckt sich mit einigen Anmerkungen Hegels, wenn er beispielsweise sagt, die „Einzelheit" entspreche der „*Selbstbestimmung* des Ich" (RPh § 7). Vorausgesetzt, er meint das empirische Ich-Vermögen und nicht das absolute Ich.

Mit dieser Skizze der Hegelschen Vorstellung vom unbedingt freien Willen werden sofort zwei im Zentrum sämtlicher Theorien der menschlichen Willensfreiheit stehende Probleme aufgeworfen: (1) Da der empirische Wille des Einzelnen dieser Idee der reinen Selbstbestimmung nur mehr oder minder nahe kommt: Wie verhalten sich *Autonomie* und *Heteronomie* tatsächlich zueinander? (2) Worin besteht eine (vernünftige) *Allgemeinheit* des Willens, wenn das Faktum einer Mehrheit von Willensäußerungen einer tatsächlichen Menge von Menschen – die *volonté de tous* – keineswegs automatisch die Vernünftigkeit ihrer Meinungen und Willensäußerungen garantiert? Das ist das Rousseau-Problem der Demokratie. Die gröbsten Umrisse einer möglichen Antwort auf die zweite Frage habe ich im Anschluss an Kant und Hegel am Ende des Abschnittes über die Kategorie der „Gerechtigkeit" zu umreißen versucht. Die Antwort auf die erste Frage muss – ähnlich wie bei der Behandlung der ungleichheitstheoretischen Schlüsselbegriffe *Reichtum, Ehre und Macht* – den normativen Doppelcharakter der Kategorie der Heteronomie berücksichtigen. Wir sind alltagssprachlich geneigt, uns unter „Heteronomie" in erster Linie Schranken vor unseren freien Willensäußerungen und Zwängen vorzustellen, denen sie unterliegen. Das ist jedoch nur die eine Seite, die der *Negativität*. Die andere Seite, die der *Positivität*, trägt dem schlichten Sachverhalt Rechnung, dass die Entwicklung sowie der Bestand unseres vom absolut freien Willen meilenweit entfernten Einzelwillens immer auch von *fördernden Bedingungen* abhängig ist: Es bedarf, diese Selbstverständlichkeiten seien ausgesprochen, der Interaktionen mit bedeutsamen Anderen, die ihn fördern und stützen – es bedarf z.B. der „Erziehung zur Mündigkeit" (Adorno), welche die Bereitschaft zur wechselseitigen Anerkennung der Selbständigkeit als Haltung des Einzelnen stützen. Es bedarf der Institutionen, letztlich der Strukturen und Prozesse einer ganzen Gesellschaft, die ihn tragen können. Die eigentliche Idealisierung besteht in der Idee eines Lebenszusammenhangs, der diese Eigenschaften lupenrein aufweist. Er entspräche dem, was Kant „das Reich der Zwecke",

---

56 Die sinnvolle Frage G. H. Meads nach entwicklungsgeschichtlich weit zurück liegenden Vorformen der Willensfreiheit in Gestalt der „Selektivität" organischen Lebens klammere ich hier aus. Vgl. J. Ritsert: Theorie praktischer Probleme, Kapitel 5, Wiesbaden 2012.

Hegel im § 260 der RPh die „konkrete Freiheit" nennt. Autonomie ist dabei nicht gleich der Wahl- und Entscheidungsfreiheit, nicht gleich der abstrakten „Freiheit der Willkür"!

J. G. Fichte: Die Bestimmung des Menschen.

J. G. Fichte (1762-1814) wurde schon zu seinen Zeiten der Vorwurf gemacht, seine Philosophie, die er „Wissenschaftslehre" nennt und seit ihrer ersten Fassung von 1794 in verschiedenen Varianten ausgearbeitet hat, sei schwer, wenn nicht völlig unverständlich. Das veranlasst ihn, verschiedene Erläuterungen für das „größere Publikum" zu verfassen. Darunter befindet sich auch ein „Sonnenklarer Bericht an das größere Publikum über das eigentliche Wesen der neuesten Philosophie (1801)." Er trägt den hübschen Untertitel: „Ein Versuch, die Leser zum Verstehen zu zwingen." An Leser, die nicht Experten für die Transzendentalphilosophie Kants sind, von der Fichtes Werk entscheidend beeinflusst wird, richtet sich auch seine Schrift über „Die Bestimmung des Menschen". Nach seiner Auffassung sollte sie „verständlich sein für alle Leser, die überhaupt ein Buch zu verstehen vermöchten" (BM 3). Fichte ist derjenige unter den Hauptvertretern des deutschen Idealismus, bei dem die Begriffe „Freiheit" und „Selbstbestimmung" geradezu *den* Dreh- und Angelpunkt seines gesamten Denkens bilden. Zwar zielt das Wort „Bestimmung" im Buchtitel seiner Schrift von 1800 eher auf Wesensmerkmale der menschlichen Existenz. Aber sie dreht sich nicht zuletzt um das Verhältnis von (kausaler) *Bestimmung* als Determination des menschlichen Denkens und Handelns zur strittigen Fähigkeit der *Selbstbestimmung* als Ausdruck unserer Willensfreiheit. Fichte teilt seine Schrift in drei „Bücher" ein. Das erste Buch trägt die Überschrift „Zweifel", das zweite wird mit „Wissen" überschrieben, das dritte heißt „Glaube". Für das zweite Buch dieses Textes wählt er die platonische Darstellungsform des Dialogs. Dieser findet zwischen einem „Geist" und einem „Ich" statt, welches ausdrücklich nicht als das des Verfassers gemeint ist, sondern womit sich der Leser selbst identifizieren soll (BM 4).

Ich beschränke mich auf Passagen aus dem ersten Buch. Viele der überlieferten und gegenwärtigen Aussagen zur Freiheit des Willens stehen letztendlich in einem Verhältnis des *Gegensatzes* zueinander. Unschwer kann man daher auch in Fichtes Schrift Thesis und Antithesis der Kantischen Freiheits*antinomie* aus der „Kritik der reinen Vernunft" wiederfinden.[57] Die im Buchtitel anklingende Grundfrage der philosophischen Anthropologie

---

57 Kant: Kritik der reinen Vernunft, Werke Band II, a.a.O.; S. 426 ff. (B 472 ff.). Zum Kommentar: S. J. Ritsert: Kleines Lehrbuch der Dialektik, Darmstadt 1997, S. 61 ff.

lautet: „Aber, – was bin selbst, und was ist meine Bestimmung?" (BM 5). Was kann ich überhaupt als endliches Wesen mit welchem Grad der Gewissheit wissen? „Ich will wissen", und aufgrund meiner Bemühungen um Erkenntnis „will ich darauf rechnen können, was ich selbst bin und was ich sein werde" (BM 7). „Ich" komme beim Blick auf die Ergebnisse meiner Einsicht in wirkliche Gegebenheiten in der Welt allerdings schnell zu dem Eindruck: *„Alles, was da ist, ist durchgängig bestimmt; es ist, was es ist und schlechthin nichts anderes"* (BM 8; Herv. i.Org.). Jetzt meint „bestimmen" so viel wie „determinieren". Es bedeutet mithin so viel wie „kausal gesetzmäßig beeinflussen"; denn ich habe eingesehen: „Jedem Werden (ist) ein Sein vorauszusetzen, woraus und wodurch es geworden ist, jedem Zustande einen anderen Zustand, jedem Sein (ist) ein anderes Sein vorauszudenken …" (BM 10). Das ist ein weiterer Nachhall der Anstoßkausalität des Aristoteles. „Ich" habe damit zugleich die Position des *Determinismus* eingenommen. Eine anthropologische Konsequenz dieser deterministischen Auffassung besteht darin, dass ich mich „selbst, mit allem, was ich mein nenne, … als ein Glied in dieser Kette der strengen Naturnotwendigkeit" begreifen muss (BM 15). Im *„unmittelbaren Selbstbewusstsein* erscheine ich mir als frei; durch *Nachdenken* über die ganze Natur finde ich, dass Freiheit schlechterdings unmöglich ist; das erstere muss dem letzteren untergeordnet werden; denn es ist selbst durch das letztere sogar zu erklären" (BM 20). Das hört sich haargenau nach einer Variante der Illusionstheorie der Freiheit an und das der Selbstbestimmung scheinbar fähige Subjekt tritt hier nicht länger als „Fremdling in der Natur" auf, dessen „Zusammenhang in seinem Sein so unbegreiflich ist" (ebd.). Heute würde man sagen: Es wird voll ganz in den Zusammenhang naturwissenschaftlicher Erklärungen einbezogen. Wegen dieser Präzision scheint ein Lehrgebäude herauszuschauen, das eine „hohe Befriedigung" gewährt (ebd.). Dazu gehört auch die These: Jedes Bewusstsein „entwickelt sich aus dem ganzen gesetzmäßigen Laufe der Natur" (BM 23). Auch und gerade der Willen (ebd.)! Und das hat die Konsequenz, dass wir die Zurechnung von Verantwortlichkeit und die Annahme der Schuldfähigkeit des Subjekts aufgeben müssen. „Nur die Begriffe: Verschuldung und Zurechnung haben keinen Sinn, außer den für das äußere Recht. Verschuldet hat sich derjenige, und ihm wird sein Vergehen zugerechnet, der die Gesellschaft nötigt, künstliche äußere Kräfte anzuwenden, um die Wirksamkeit seiner der allgemeinen Sicherheit nachteiligen Triebe (seiner inneren Natur – J.R.) zu verhindern" (BM 25). Man muss sich also mit aller Fatalität mit dem Grundgedanken der Illusionstheorie des freien Willens vertraut machen: Entgegen meinem Selbstverständnis handelt in mir die Natur. Mich „zu etwas anderem zu machen, als wozu ich durch die Natur bestimmt bin, dies kann ich mir nicht vornehmen wollen; denn ich mache mich gar nicht, sondern die Natur macht mich selbst und alles, was ich werde" (ebd.). Reue und Vorsatz helfen mir schon gar nicht. Die Illusionen der Selbsttätigkeit ändern nun einmal nicht das Geringste an dem, „was ich nun einmal werden muss" (ebd.). Der erste Strang der Untersuchung scheint abgeschlossen. Der Fragesteller weiß nun, was seine Bestimmung ist. „Ich bin eine durch das Universum bestimmte (= determinierte – J.R.) Äußerung einer durch sich selbst bestimmten Naturkraft" (BM 25). Dieses Fazit entspricht der *Antithesis* der Kantischen Freiheitsantinomie und der in Auseinandersetzungen zwischen Determinismus und Indeterminismus als „Monismus" bezeichneten Position. Alles unterliegt letztendlich den Bedingungen und Zwängen der Naturgesetzlichkeiten.

Doch an dieser Stelle setzt Fichte erneut mit dem Zweifel an und geht zur *Thesis* der Freiheitsantinomie über. In ihrer Ursprungsfassung bei Kant setzt diese sich aus zwei Sätzen zusammen, von denen der eine aussagt, dass wir allemal Einwirkungen der inneren und äußeren Natur ausgesetzt sind, während der andere uns jedoch gleichzeitig eine „Kausalität aus Freiheit", also die Fähigkeit zum selbstbestimmten Handeln zuschreibt. Daraus ergibt sich die Position des „Parallelismus" im Streit über Willensfreiheit bzw. das Problem von „Kompatibilismus" und „Inkompatibilismus" angesichts der beiden Behauptungen. Die Frage ist natürlich: Sind die beiden Aussagen vereinbar oder stehen sie in einem strikten Ausschlussverhältnis zueinander, so wie es das Wort „Antinomie" anzeigt? Aber vielleicht ist es grundsätzlich unsinnig, bei dieser Problematik überhaupt mit Dichotomien zu arbeiten?[58] Auf der Seite der Thesis wird jedenfalls die deterministische Ansicht bezweifelt, die individuelle Willensfreiheit sei „nicht *meine eigene*, sondern die *einer fremden Kraft* außer mir ..." (BM 27). Gegen diese Auffassung einer vollständigen Bestimmung menschlicher Lebensäußerungen sträuben sich zum Beispiel meine Gefühle der Schuld, der Reue, der Verantwortlichkeit, der Fähigkeit zum Entschluss und zur selbstbestimmten Lebensäußerung sowie die „Kenntnis mannigfacher Handelsmöglichkeiten" (BM 29). Daher lautet die Parole vom Standpunkt der Thesis

---

58 Meine hier nicht weiter ausführbare These ist, dass es produktivere logische Verhältnisbestimmungen von Determinismus und Indeterminismus gibt als die der monistischen Reduktion auf Naturkausalität, als irgendeine Art des „Parallelismus". Vor allem führt die Behandlung des Problems nach den logischen Prinzipien strikter Disjunktionen bzw. rigider Dichotomien in die Sackgasse. Vgl. dazu: J. Ritsert: Kleines Lehrbuch der Dialektik, a.a.O.

aus: „*Ich selbst* will selbständig" und „selbst der letzte Grund meiner Bestimmungen" sein (ebd.). „Den Rang, welchen in seinem Lehrgebäude jede ursprüngliche Naturkraft einnimmt, will ich selbst einnehmen; nur mit dem Unterschiede, dass die Weise meiner Äußerungen nicht durch fremde Kräfte bestimmt sei" (BM 27 f.). Ich schreibe mir somit die Fähigkeit einer (gewiss nicht unbedingten) Selbstbestimmung zu.[59] Dass ich „frei" sein will, bedeutet daher auch, „ich selbst will" – soweit das irgend möglich ist – „mich machen zu dem, was ich sein werde" (BM 29). Eine so verstandene *Freiheit* ist nur bei ihrer selbst bewussten Wesen – Fichte sagt: „Intelligenzen" (BM 30) – möglich.

Damit sind die Umrisse der Probleme gezeichnet, die sich aufgrund der Behandlung des Verhältnisses zwischen Determinismus und Indeterminismus als eine einfache Antinomie ergeben. Diese setzt sich aus zwei (gesetzesartigen) Aussagenmengen zusammen, welche einander strikt ausschließen, also eine Kontradiktion repräsentieren: „Welche von den beiden Meinungen soll ich ergreifen? Bin ich frei und selbständig, oder bin nichts an mir selbst und lediglich Erscheinung einer fremden Kraft"? (BM 31). Oder – so ergänze ich hier erneut – ist die strikte Disjunktion, das kompromisslos ausschließende „oder" von Sein oder Nichtsein logisch völlig fehl am Platz? Wenn sich das Problem schon nicht auflösen lässt – wie die Jahrtausende anhaltende Debatte über Willensfreiheit hinlänglich anzeigt – wie lässt es sich dann etwas erfolgreicher bearbeiten? Bei Fichte erscheint zur Hilfestellung um Mitternacht eine „wunderbare Gestalt", ein Geist, der einen Dialog mit dem Adressaten beginnt, ein hohes platonisches Geistergespräch gleichsam, das die vorhergehende Anhäufung von ebenso zweifelhaften wie kontradiktorischen Schlussfolgerungen einebnen soll (BM 39 ff.). Selbstverständlich dient dieser Dialog vor allem dazu, die Grundlagen der Fichteschen „Wissenschaftslehre" verständlich zu machen. Implizit wird aber auch nach einer Position gesucht, die – ähnlich wie die „Dritte Stellung des Gedankens zur Objektivität" bei Hegel – logisch nicht bei der blanken Antinomie zwischen Willensfreiheit und Willensdetermination hängen bleibt oder zwischen diesen beiden Polen hin und her taumelt.[60] Sie führt mitten in das Dickicht der ebenfalls uralten Diskussionen über Analytik *versus* Dialektik, das ich hier nicht lichten kann. Aber die Richtung sei wenigstens angedeutet: Bei den Erläuterungen des dritten Grundsatzes seiner Wissenschaftslehre von 1794, die sich vor allem mit der

---

59 Fichte radikalisiert sein Pathos der Selbstbestimmung bis zu Aussagen wie der: „Ich will der Herr der Natur sein" (BM 28),
60 Vgl. dazu : J. Ritsert: Moderne Dialektik und die Dialektik der Moderne, a.a.O.; S. 105 ff.

3 Freiheit

erkenntnistheoretischen Grundkonstellation von Subjekt und Objekt, er sagt: Ich und Nicht-Ich, auseinandersetzt, wählt Fichte an einer Stelle die folgende Formulierung: „Es sollen durch sie (d.h.: eine logische Aktivität – J.R.) das entgegengesetzte Ich und Nicht-Ich vereinigt, gleichgesetzt werden, ohne dass sie sich gegenseitig aufheben ..."[61] Ohne dass sie sich gegenseitig aufheben! Angestrebt wird offensichtlich eine Ordnung des Diskurses, die sich im elementaren Fall auf zwei Momente bezieht, welche in einem *Gegensatz* (Ausschlussverhältnis) zueinander stehen und dennoch „vereinigt" sind, indem das eine Moment Bestimmungen des jeweils gegensätzlichen anderen in sich enthält.[62] Das entspricht genau dem, was Adorno die „mutuelle Vermitteltheit der Gegensatzpaare" nennt.[63]

Fichte erfreut sich heutzutage oftmals einer schlechten Presse, nicht nur weil seine Wissenschaftslehre geradezu als Paradebeispiel für den absoluten Idealismus in der Philosophie sowie als nahezu unverständlich gilt, sondern auch, weil er sich massive antisemitische und chauvinistische Äußerungen hat durchgehen lassen. Dennoch erscheinen mir viele Motive seiner emphatischen Freiheitsdiskussion im Hinblick auf eine Reihe aktueller Diskussionen über Willensfreiheit und Willensunfreiheit weiterhin als eher bedenkenswert denn bedenklich.

Zwar kann und soll in diesem Text hier keine ausführliche Auseinandersetzung mit jener hochmodernen Ausprägung der alten Streitfrage >Determinismus oder Indeterminismus?< versucht werden, welche derzeit unter dem Einfluss höchst eindrucksvoller Ergebnisse der Hirnforschung steht. Nur einige wenige ausgewählte und charakteristische Thesen der diesem Zweig der Naturwissenschaften zuzurechnenden Spielart der Illusionstheorie des freien Willens können herausgegriffen werden. Sie weisen nämlich einige unterschwellige Verbindungslinien zu Fichte auf. Kurze aber prägnante Aussagen zum Thema kann man zum Beispiel bestimmten Diskussionsbeiträgen von Wolf Singer, Direktor am Max-Planck-Institut für Hirnforschung in Frankfurt/M entnehmen: Die Ausgabe einer Sammlung von Gesprächen, die er in verschiedenen Zusammenhängen geführt hat, trägt die Überschrift: „Ein neues Menschenbild?" Was bei Fichte „Bestimmung des Menschen" heißt, wird wie heute üblicherweise „Menschenbild" genannt. Gibt es ein völlig neues Bild vom Menschen und seiner Bestimmung, das von

---

61 J. G. Fichte: Grundlage der gesamten Wissenschaftslehre (1794), Hamburg 1956, S. 28.
62 Vgl. J. Ritsert: Moderne Dialektik ..., a.a.O.; S. 110 f.
63 Th. W. Adorno: Negative Dialektik, Frankfurt/M 1966, S. 140.

der Hirnforschung bestimmt wird und das in der trostreichen Aussicht auf ein Ende der Willensfreiheit ausmündet?[64] Immerhin werden an dieser Stelle statt des üblichen akademischen Innovationspathos Fragezeichen bei den Überschriften gesetzt! Das Gespräch mit dem „Spektrum der Wissenschaften" z.B., das mit „Ende des freien Willens?" überschrieben ist, fängt W. Singer gnadenlos entschlossen an. Gefragt, ob er wohl freiwillig zum Gespräch gekommen sei, weist er konsequent z.B. auf die Telefonate hin, die zu Prozessen in seinem Hirn geführt hätten, die ihn letztlich dazu kausal angestoßen haben, tatsächlich zum Interview zu erscheinen (NM 24). Und ebenso folgerichtig unterstützt er die Position seines Kollegen Gerhard Roth, der seinerseits in einem Interview gesagt hat, der freie Wille sei nichts weiter als eine nützliche Illusion (ebd.). Begründet werden diese entschlossenen Perspektiven mit dem klassischen szientistischen Verweis auf den Standpunkt des äußeren und neutralen Beobachters, den der Naturwissenschaftler einnehme und einzunehmen habe. Das gilt auch für den Sonderfall des eigenen Gehirns, wobei in diesem Falle allerdings zu bekennen ist: Der Hirnforscher befindet sich in der besonderen Situation, die Sachverhalte, die er aus der Beobachterperspektive möglichst exakt und experimentell abgesichert zur Kenntnis nimmt, letztendlich immer auch aus der Aktorperspektive, „aus der Ich-Perspektive der ersten Person" heraus (ebd.), wahrnehmen müssen. Nicht einmal der Hirnforscher kommt also um den Rückgriff auf das für Fichtes Ichbegriff ausschlaggebende „Ich denke, das alle meine Vorstellungen muss begleiten können" Kants herum. „Man kann vom Ich nicht abstrahieren ... zu allem, was im Bewusstsein vorkommend gedacht wird, muss das Ich notwendig hinzugedacht werden" (EL 87). Was die Beobachterperspektive angeht, vertritt Roth einfach den klassischen Szientismus: Die Naturwissenschaft bekommen tatsachengetreu und mathematisch exakt heraus, was in der Natur an sich der Fall ist. In der Mehrzahl der Fälle entspricht diese Denkweise dem, was Fichte den „Dogmatismus" nennt. Damit ist keine zur Borniertheit herabgesunkene Immunität gegenüber Argumenten gemeint! Der Dogmatiker leugnet vielmehr im Hinblick auf die Bestimmung des Menschen „die Selbständigkeit des Ich, auf welche der Idealist baut, gänzlich ab, und macht dasselbe zu einem Akzidenz der Welt..." (EL 17) Das Menschenbild des absoluten Idealisten betrachtet im genauen Gegensatz dazu „das Objekt als erst hervorgebracht durch die Vorstellung der Intelligenz" – so wie der wirklich radikale Konstruktivismus in der Soziologie der

---

64 Siehe die ausführlich entfaltete Gegenposition bei B. Fischer: www.sprache-werner.info/XFreier-Wille.14141. htlm.

3 Freiheit

Gegenwart alles Sein als Produkt „der Sprache", „des Diskurses", „des Geistes", „des Subjekts" oder wie auch immer anders benannter ideeller Übergrößen entschlüsseln will. Im idealistischen Rahmen wird auch die Vorstellung der Willensfreiheit ausdrücklich als eine „kulturelle Konstruktion" oder Illusion und nicht als Ausdruck einer z.b. nicht auf Hirnphysiologie schlechthin reduzierbaren Kompetenz des Subjekts angesehen (NM 13).

Bei Singer geht der Szientismus, der weder „sinnhafte Zuschreibungen noch kulturelle Konstrukte in unserem Forschungsobjekt, dem Gehirn" findet und sie deswegen nicht selten (mit einem klassischen *non sequitur*) als inexistent oder auf geradem Wege als Illusion erscheinen lässt, verblüffender Weise geradenwegs in sein Gegenteil, in den Kulturkonstruktivismus über! Da wird Illusionen wie „der freie Wille" oder „das Ich" auf der einen Seite sogar der „Status von Realitäten" insofern zugetraut, „als sie sehr wirksam sind" (NM 24 f.). Eingeräumt wird auch, dass hinter den Aussagen über derartige Phänomene Tatsachen stehen, die sich bislang nicht „lückenlos im Rahmen unserer naturwissenschaftlichen Beschreibungssysteme" erklären lassen – vorerst wenigstens (NM 26). Denn Hirnforscher greifen gern auf das Vertagungsargument vom Dienst zurück: Wartet nur ab, bis wir die theoretischen und messtechnischen Möglichkeiten herausgefunden haben, um weiter in die unerforschten Details zugehen, dann …" Vertagungsargumente sind grundsätzlich unwiderlegbar! Vorläufig ergibt sich stattdessen das Schlingern zwischen den Polen der Freiheitsantinomie: Auf der anderen Seite heißt es, dass es sich letztendlich auch bei Phänomenen wie der Willensfreiheit um Effekte von Kausalfaktoren und Kausalbeziehungen handelt, die im mechanischen Prozess der Evolution hervorgetreten sind (NM 13+27). Die lückenlose, auf die Menge „aller Erregungszustände der Nervenzellen des Tieres" zurückgehende Kausalerklärung des Verhaltens von Lebewesen wird einmal ganz grundsätzlich möglich sein, wenn wir die technische Probleme von Beobachtungen gelöst und sensiblere, der Komplexität der Sachverhalte angemessene Theorien und Messinstrumente entwickelt habe (NM 26). Andererseits wird der Hirnforscher sein Ich nicht wirklich los. Auf die altbekannte Art und Weise schwanken die Aussagen also zwischen Thesis und Antithesis der Freiheitsantinomie hin her. W. Singer bemerkt in der Tat selbst trefflich an, „dass man zwischen den verschiedenen Beschreibungssystemen hin und her wechselt" (NM 25). Das verleiht dann in der Tat auch wieder der Thesis, der Einsicht Kants eigenständiges Gewicht, dass man irgendwie nicht darum herum kommt, „vom Ich nicht abstrahieren" zu können (Fichte), akademisch geläufiger ausgedrückt: sich irgendwie nicht aus „der

Ich-Perspektive der ersten Person" herauswinden kann (NM 24). W. Singer gestattet sogar die Annahme, „dass Sie so empfinden wie ich. Ich schreibe ihnen Freiheit (genauer wohl: eine Freiheitsillusion – J.R.) zu, weil ich selbst in der ersten Person empfinde, und ich beurteile Sie entsprechend. Aber keinen der entsprechenden Inhalte bekomme ich aus der Dritte-Person-Perspektive zu fassen" (NM 25f.). Er ergänzt: „Der Konflikt ist in meinen Augen derzeit nicht lösbar. Die zwei komplementären Beschreibungssysteme existieren auch im Hirnforscher alltäglich nebeneinander" (NM 12). Diese Einsicht schließt Fragen danach, wie sie sich zueinander verhalten oder wie die Grundrelation zwischen Aktorperspektive und Beobachterperspektive differenzierter gedacht werden kann, keineswegs aus. Bei W. Singer scheinen einige Überlegungen zu diesem Problem in Richtung auf eine Variante des *Perspektivismus* hinaus zu laufen.[65] Irgendwie kann auch er sich nicht des Eindrucks erwehren, dass es Phänomene gibt, die sich nicht im naturwissenschaftlichen „Beschreibungssystem" erfassen lassen (NM 27). Es gibt die „Unvereinbarkeit verschiedener Beschreibungssysteme" (Perspektiven) und sogar in den Naturwissenschaften muss man oftmals „zwischen verschiedenen Beschreibungssystemen hin und her wechseln" (NM 25). Und daraus dass n Perspektiven unterschiedlich sind und/ oder sich nicht aufeinander reduzieren lassen, folgt überhaupt nicht, dass nur *eine* von ihnen wahr und/oder brauchbar sein kann. Eine „Theorie über alles" hat sich inzwischen wohl als Hypertrophie herausgestellt.

Fichte unterscheidet den erkenntnistheoretischen *Dogmatismus* vom erkenntnistheoretischen *Idealismus*. Der Dogmatismus sieht alle unsere Gegenstandserfahrungen letztlich als „Produkte eines ihnen vorauszusetzenden Dinges an sich" wie bei Kant – andere sagen: „der Natur", „der Evolution" etc. Dementsprechend stellt auch die Reflexion, damit das Gefühl der Willensfreiheit, das Ergebnis natürlicher Wirkungszusammenhänge dar. Der absolute Idealismus, der heutzutage in Gestalt verschiedener Spielarten des radikalen Konstruktivismus oder Sprachspielimperialismus auftritt, erklärt Objektvorstellungen hingegen als „Produkte der ihnen in der Erklärung vorauszusetzenden Intelligenz (EL 12). Man kann die zwischen beiden Positionen bestehende Antinomie nicht einfach beseitigen, sondern muss sie wohl als Ausgangspunkt einer „dritten Stellung des Gedankens zur Objektivität" behandeln. Der Zusammenhang mit dem Problem der Willensfreiheit ist klar: „Der Streit zwischen dem Idealisten und Dogmatiker ist eigentlich der, ob der Selbständigkeit des Ich die Selbständigkeit des Dinges, der Selbständigkeit des Dinges,

---

65 Vgl. dazu R. N. Gier: Scientific Perspectivism, Chicago 2006.

die des Ich aufgeopfert werden solle" (EL 18). Und für Fichte gilt, dass der „letzte Grund der Verschiedenheit des Idealisten und Dogmatikers ... die Verschiedenheit ihres Interesses ist" (EL 19). Man kann auch sagen: „Was man für eine Philosophie wähle, hängt sonach davon ab, was man für ein Mensch ist" (EL 21). Dennoch bleibt ein gemeinsamer Stützpunkt erhalten, den selbst W. Singer nicht völlig schleifen kann und will: „Mich selbst an sich" habe ich „nicht gemacht, sondern ich bin genötigt, mich als das Bestimmende der Selbstbestimmung voraus zu denken" (EL 14). Der Streit darüber, ob die heroische Bereitschaft der Freiheitsillusionisten zur Selbst-Durchstreichung tatsächlich eine evolutionäre Errungenschaft darstellt, wird weitergehen.

J. St. Mill: Wurzeln des bürgerlichen Liberalismus der Neuzeit.

> „Die Ideen der Wirtschaftswissenschaftler und der politischen Philosophen sind viel mächtiger, als man allgemein annimmt. Tatsächlich wird die Welt von kaum etwas anderem regiert. Die Männer der Praxis, die sich etwas unabhängig von intellektuellen Einflüssen glauben, sind gewöhnlich die Sklaven irgendwelcher toter Wirtschaftswissenschaftler"[66]

Wie viel an diesem *aperçu* von John Maynard Keynes dran ist, kann man etwa an dem Rat der fünf lebenden Weisen aus dem Morgenlande der neo-klassischen Wirtschaftstheorie ablesen, den diese oder z.B. auch „Spitzenbanker" für die Bundesregierung bereit halten. Man kann die Problematik zudem in Form der Frage zur Kenntnis nehmen, wie es dazu gekommen ist, „dass die Sprache des Marktes dahin gelangt ist, jeden Aspekt des menschlichen Lebens zu durchdringen" (D 89). Inzwischen werden „die Märkte" angesichts der Banken- und Schuldenkrise geradezu wie die Macht des Schicksals behandelt. Wer versucht, sich ihr zu entziehen und gar gegen sie zu arbeiten, den bestrafen gnadenlos die Sachzwänge und Alternativlosigkeiten „der Märkte". Sie werden in der Gegenwart wie ein Fetisch angebetet und müssen zugleich wie ein unwilliges Subjekt z.B. „beruhigt" werden. Die Beruhigungspillen pflegen für eine Reihe ziemlich konkreter Personen ziemlich lukrativ zu sein. Doch welcher nicht unbedingt in Euro oder Dollar skalierbare Preis – gerade an „Freiheit" als Autonomie des Subjekts! – ist zu zahlen, wenn alle menschlichen Beziehungen auf das Tauschprinzip bzw. in Geldgrößen ausgedrückte Nutzen-Kosten-Relationen reduziert werden? Was bedeutet es also für die

---

66   J. M. Keynes zitiert in M. Friedmann: Kapitalismus und Freiheit, Stuttgart 1971, S. 9.

konkrete Freiheit, wenn sämtliche Probleme sittlicher Beziehungen auf die „unpersönliche Arithmetik" des Geldverkehrs zurückgeführt werden? (D 14). Das sind keine Fragen, die einen Vertreter des von der neo-klassischen Nationalökonomie stark beeinflussten „Neo-Liberalismus", also einer neuen, bis vor Kurzem kulturhegemonialen Freiheitslehre im Kapitalismus, sonderlich beeindrucken werden. Er wird es eher mit einem jener „toten Wirtschaftswissenschaftler" halten, welche etwa im Rahmen des wirtschaftspolitischen „Monetarismus" eine weitgehende Reduktion menschlicher Beziehungen auf den „cash nexus" empfohlen haben. Deren Grundgedanke ist, wir befänden uns, Gott oder wenigstens „dem Markt" sei Dank, „in einer freien Gesellschaft ..., also in einer Gesellschaft, die sich in erster Linie auf den Markt verlässt, der die wirtschaftliche Aktivität organisiert" (KuF 22). Eine Reihe derartiger Gedanken lassen sich auf Motive von klassischen Theoretikern einer Freiheitslehre zurückführen, für die der Name „Liberalismus" üblich ist. Es handelt sich dabei gewiss um ein in sich heterogenes Ideensystem, das mit dem Marktextremismus sowie dem Freiheitsbegriff mancher politischer Liberalisten der Gegenwart, die z.B. Tea-Partys organisieren, nicht einfach im Handstreich gleichgesetzt werden kann. Das lässt sich exemplarisch an einem einflussreichen Text ablesen, der im frühen 19. Jahrhundert, also zu den Zeiten entstanden ist, in denen sich der Kapitalismus – heute gern auch als „die bürgerliche Gesellschaft" oder „die Moderne" bezeichnet – gegen die Feudalgesellschaft des ausgehenden Mittelalters durchsetzte. Es handelt sich um John Stuart Mills Traktat: „On Liberty". Bei ihm, bei seinem Vater James Mill (1773-1836), nicht zuletzt aber bei Jeremy Bentham (1748-1832) zeichnen sich Umrisse „bürgerlicher" Freiheitsvorstellungen ab, deren Nachhall durch alle Veränderungen hindurch auch noch in unseren Zeiten zu vernehmen ist. Es handelt sich zugleich um Autoren, die dem klassischen Utilitarismus in der *Ethik* eine veränderte, zu Tendenzen der sich durchsetzenden kapitalistischen Marktgesellschaft mit ihrer „ungeheuren Warensammlung" (Marx) passende Form verleihen. Darüber hinaus machen sich ihre Einflüsse noch heute in einer Reihe von Grundauffassungen der neo-klassischen Nationalökonomie bemerkbar. Gary S. Becker fasst sie auf präzise Weise so zusammen: „Alles menschliche Verhalten kann so betrachtet werden, dass es von Teilnehmern getragen wird, die (a) ihren Nutzen maximieren, (b) eine stabile Menge von Präferenzen formieren und (c) einen optimalen Betrag von Informationen und anderen Eingaben auf einer Vielfalt von Märkten anhäufen."[67]

Mill eröffnet seinen Text mit einer ausdrücklichen Wendung gegen deontische Freiheitslehren, wie sie in der Neuzeit etwa durch die Kritik der praktischen Vernunft Kants repräsentiert werden. Den Dreh- und Angelpunkt sowohl der rechts-, als auch moralphilosophischen Philosophie von Denkern wie Kant, Fichte und Hegel bildet ja die Idee des freien Willens, also die Idee der *Autonomie*. Im (scheinbaren) Gegensatz dazu beginnt Mill mit der Bemerkung: „Den Gegenstand dieses Essays bildet nicht die sog. Freiheit des Willens, die auf so unglückliche Weise der mit einem irreführenden Namen belegten Theorie der philosophischen Notwendigkeit entgegengesetzt wird" (OL 5). Mill spielt hiermit offensichtlich auf die lange Tradition fruchtloser Streitigkeiten über das Verhältnis von Determinismus und Willensfreiheit an. Ihn beschäftigen stattdessen die auch nach seinem wahrlich zutreffenden Eindruck ebenfalls seit Jahrtausenden anhaltenden politischen Auseinandersetzungen über das Verhältnis von „Freiheit und Autorität", wobei unter „Autorität" letztendlich der Autoritarismus, also doch die Unterdrückung des *freien Willens* der Einzelnen zu verstehen ist (vgl. ebd.).[68] Es gibt für ihn ein mit wechselnden Chancen der Durchsetzung in der Geschichte ausgestattetes Interesse an „vorbeugenden Maßnahmen gegen ... Unterdrückung" (ebd.). Die Menschen wollten immer schon *frei sein von* Strategien der Repression (*oppressive exercises*; ebd.). Dabei war es die Absicht vieler „Patrioten", nicht zuletzt der Macht der Regenten über die Gemeinschaft Grenzen zu setzen. „Die Grenzziehung bedeutete das, was sie unter Freiheit verstanden" (ebd.). Es zeichnet sich damit der gerade für moderne demokratische Gesellschaften charakteristische Gedanken einer so weit wie möglichen reichenden Eingrenzung der Macht von Personen und Instanzen über den Willen einer Menge anderer Menschen bzw. die Idee des Machtausgleiches ab, wie sie Verfassungen als *checks and balances* der „Gewalten" berücksichtigen sollen. Dieser Typus „Freiheit" sollte nach Mill vor allem durch zwei Strategien verwirklicht werden: 1. ging es darum, die Anerkennung gewisser „Immunitäten" der Einzelnen zu erreichen, die „politische Freiheiten oder Rechte genannt wurden" (ebd.). Wenn die Herrscher die damit gesetzten Grenzen missachteten,

---

67 Gary S. Becker: The Economic Approach to Human Behavior, Chicago 1976, S. 14. Vgl. auch A. Sen: The Idea of Justice, Chicago 2009, S. 174 ff.
68 Zu „alten Zeiten" wurde unter Freiheit „der Schutz gegen die Tyrannei der politischen Regenten verstanden" (ebd.).

dann bedeutete das für die Betroffenen eine Verletzung seiner ihm auferlegten Pflichten, so dass ein „spezifischer Widerstand oder generelle Rebellion für gerechtfertigt gehalten wurde" (ebd.). 2. Eine andere, historisch spätere, in der beginnenden Moderne jedoch immer mehr ins Zentrum rückende Maßnahme bestand in der Etablierung verfassungsmäßiger Gegengewichte gegen die Machtansprüche der Herren. Die „Zustimmung der Gemeinschaft oder irgendeiner Körperschaft, die ihre Interessen repräsentieren sollte, wurde zu einer notwendigen Bedingung für die Durchführung einiger der wichtigeren Aktionen der regierenden Gewalt erhoben" (ebd.). Es kommt zudem zu Forderungen nach einer auf Zeit gewählten Regierung (OL 6). Anders als in der Phase der absoluten Monarchenherrschaft sollten die nur auf Zeit gewählten Machthaber in der modernen bürgerlichen Gesellschaft daran gehindert werden, ihre Position zum Schaden des Volkes auszunutzen (ebd.). Mill legt dabei einen besonderen Akzent auf die Gewährleistung von *Freiheitsspielräumen* in der Form spezifischer politischer „Freiheiten", das sind vor allem Freiheitsrechte für das Individuum. Dieses Postulat ebenso wie die Forderung nach der Kontrolle abwählbarer Herrengewalten gehört zweifellos zum begrüßenswert Modernen an seinen Forderungen (s.o.). Er verweist auf die sich zugleich verstärkende Auffassung in der Gesellschaft, dass die Regierenden den Willen und die Interessen des Volkes selbst repräsentieren und damit den Willen „der Nation" vollstrecken sollten (Volkssouveränität etwa im Sinne von Rousseau). „Die Nation musste nicht gegenüber ihrem eigenen Willen geschützt werden. Es bestand kein Grund zur Sorge, sie würde sich selbst tyrannisieren (OL 6). Die Regierenden müssen nur effektiv die Verantwortung gegenüber der Nation tragen, zudem prompt austauschbar sein, dann kann man ihnen politische Macht anvertrauen. Gedanken wie diese, so Mill, sind für den europäischen Liberalismus seiner Zeit charakteristisch. Mit dessen Entstehung besetzte eine „demokratische Republik" nach und nach einen großen Teil der Oberfläche der Erde (ebd.). Aber zugleich wurden einige der Probleme deutlich, die mit dieser Gesellschaftsordnung einhergehen: Das „Volk", von dem alle Gewalt ausgeht, setzt sich nicht durchweg aus den gleichen Leuten zusammen und „Selbstregierung" kann natürlich nicht bedeuten, dass einer jeder sich selbst steuert. Der „Volkswille", der auch die Willensäußerungen der Einzelnen lenken sollte, bezeichnet empirisch eher den Willen der Mehrzahl oder des aktivsten Teil des Volkes (ebd.). Daher kann ein Großteil des „Volkes" danach streben, „einen Teil von ihnen zu unterdrücken, und dagegen sind Vorsichtsmaßnahmen genau so notwendig wie gegenüber einem jeden anderen Missbrauch der Macht. Die Begrenzung der Macht der Regierung über die

3 Freiheit

Individuen verliert keineswegs an Bedeutung, wenn die Machtinhaber der Gemeinschaft, das heißt eigentlich: deren stärkster Parteiung regelmäßig rechenschaftspflichtig sind (ebd.). Mill befürchtet mithin eine mögliche „Tyrannei der Mehrheit" sowie eine „Tyrannei der Magistrate" (OL 7). Er denkt dabei auf seine Weise sogar an die Realität von Klassen und Klassenherrschaft in der kapitalistischen Gesellschaft: „Wo immer eine aufsteigende Klasse vorzufinden ist, geht ein großer Teil der Moralität eines Landes aus ihren Klasseninteressen und aus dem Gefühl der Superiorität der Klasse hervor" (OL 8).

Mill zieht in den Eingangspassagen seines Textes ein Fazit aus den allgemeinen freiheitstheoretischen Argumenten: „Es gibt eine Grenze für die legitime Überlagerung der öffentlichen Meinung über die individuelle Unabhängigkeit; und diese Grenze zu finden und sie gegenüber dem Eindringungsversuchen aufrechtzuerhalten, ist ebenso unerlässlich für einen guten Zustand der menschlichen Lebensbedingungen wie der Schutz vor dem politischen Despotismus" (OL 7). Auch Mill hegt nicht die geringsten Illusionen darüber, dass die Frage, wo diese Grenze zu ziehen und wie das Verhältnis von individueller Unabhängigkeit und sozialer Kontrolle auszubalancieren sei, ein ständiges *Problem* (*principal question*) und damit keine auch nur halbwegs reibungslos zu lösende Aufgabe darstellt (ebd.). Gleichwohl betont er, sein Essay verfolge die Absicht, ein „sehr einfaches Prinzip" aufzustellen, das die Umgangsformen der Gesellschaft mit dem Individuum in Gestalt handlungsbedingender Kontrollen absolut regulieren sollte. Es lautet: „Die alleinige Zielsetzung, der zuliebe die Menschheit berechtigt ist, individuell oder kollektiv in die Handlungsfreiheit eines jeden beliebigen Mitglieds einzugreifen, besteht im Selbstschutz" (*self protection*) des je Einzelnen. Damit besagt es, „dass die Zielsetzung, derentwegen mit Recht Macht über ein jedes beliebiges Mitglied einer zivilisierten Gesellschaft gegen seinen Willen ausgeübt werden kann, darin besteht darin, Schaden von anderen abzuwehren" (OL 10). Er gibt dem Grundsatz eine weitere Wendung, die deutlich an das antike Ulpiangebot des *neminem laedere* erinnert:[69] „Wenn irgendjemand eine Handlung vollstreckt, die für andere schmerzlich ist, dann gibt es einen Anlass *prima facie*, ihn zu bestrafen, sei es durch das Gesetz, oder dort, wo legale Strafen nicht mit Sicherheit anwendbar sind, durch eine allgemeine Missbilligung" (ebd.). Es sieht so aus, als unternehme Mill in diesem Zusammenhang in überraschender Weise zugleich einige Schritte über das reine Nutzenprinzip des von ihn vertretenen Utilitarismus hinaus.

---

69 *Neminem laedere* heißt: Niemandem darf ein Schaden zugefügt werden. Domitius Ulpianus (um 170-223) war ein römischer Rechtsgelehrter und Politiker.

Denn er ergänzt: „Sein eigenes Wohlbefinden (*good*), ob nun physisch oder moralisch, liefert keine ausreichenden Rechtfertigung" (ebd.). Aber das führt nicht sehr weit. Kurz darauf wird das utilitaristische Prinzip ganz eindeutig wieder bestätigt. Denn es steht für ihn noch hinter dem oben erwähnten Grundsatz, welcher das Verhältnis zwischen staatlicher Regulierung und individuellem Freiheitsspielraum steuert und steuern soll: „Ich sehe die Nützlichkeit als die letzte Appellationsinstanz für alle ethischen Fragen an; aber es muss sich um eine Nützlichkeit im umfassendsten Sinn handeln, die in den permanenten Interessen des Menschen als ein fortschrittliches Wesen gründet" (ebd.) – was immer die Wesensbestimmung des Menschen als „fortschrittlich" bedeuten mag. In einem Bereich erscheint das Individuum für Mill als alleiniger und ungestörter Souverän des Geschehens, nämlich in Bezug seinen eigenen Körper und Geist (ebd.). Doch hierbei handelt es sich tatsächlich um die Illusion uneingeschränkter Freiheit. Denn niemand steht sich selbst vollständig zur Verfügung, weder im Denken noch im Handeln. Selbstverständlich stößt das Individuum in sich selbst sowohl auf die harten Schranken seines Unbewusstseins und/oder des Überichs, als auch auf die Hinfälligkeiten seines eigenen Körpers. Keine mögliche Freiheit des Denkens und Wollens des wirklichen Subjekts entsteht und besteht ohne Heteronomie in Form von Bedingungen und/oder Zwängen, die „innen" und „außen" vorzufinden sind.

Es geht Mill wie fast allen Liberalen und Liberalisten bei der „Freiheit" vorzugsweise um die Freiheitsspielräume für den Einzelnen, woran die Gesellschaft kein Eingriffsinteresse hat, vor allem aber: kein Interesse an Intervention haben *sollte* (OL 11). Freiheitsspielräume setzen sich, ganz allgemein betrachtet, aus jenem Anteil des Lebens und der Lebensführung einer Person zusammen, welcher nur diese selbst betrifft oder dessen Auswirkungen nur mit der freien Zustimmung und Anteilnahme der anderen Subjekte angestrebt werden (ebd.). „Das nun stellt den angemessenen Bereich der menschlichen Freiheit dar" (ebd.). Wie er abgesteckt wird, was er alles beinhaltet, das sind permanente Probleme, für die es ebenso wenig eine wirklich elegante Lösung gibt wie für die Frage, was derzeit wohl als ein Restfreiheit der Lebensführung garantierendes „Existenzminimum" angesehen werden könne (Hartz IV). Diese Festlegungen stellen weitgehend das Ergebnis von wirtschafts- und gesellschaftspolitischen Auseinandersetzungen und weniger das eines „exakten" Rechenverfahrens von Instanzen und Ämtern dar. Man kann also sagen, es gehe Mill bei der Idee der „Freiheit" in erster Linie um die von öffentlichen Eingriffen und Einwirkungen geschützte *Privatsphäre* des Bürgers. Die Kehrseite der gleichen

Medaille fasst er selbst in der Form zentraler gesellschaftspolitischer Problemstellungen zusammenfassen: „Worin besteht nun die Grenze der Souveränität des Individuums über sich selbst? Wo beginnt die Autorität der Gesellschaft? Wie viel vom menschlichen Leben sollte der Individualität überlassen werden, wie viel der Gesellschaft?" (OL 50). Es gibt auch heute so gut wie keine soziologische oder sozialphilosophische Theorie, die diesen Fragen ausweichen könnte, so sehr die Details der Versuche zu ihrer Beantwortung bis zum strikten Gegensatz voneinander unterschieden sein können. Im Einklang mit dieser Seite der Betrachtung legt Mill den allergrößten Wert auf die Feststellung, es bedeutete ein „großes Missverständnis im Angesicht seiner Doktrin, würde man annehmen, dass sie eine selbstsüchtige Indifferenz lehre, welche den Anschein erweckt, die Menschen hätten sich nicht um die Lebensführung der jeweils anderen zu kümmern und dass sie sich nicht mit den guten Taten oder der wechselseitigen Wohlfahrt zu befassen hätten, es sei denn ihr Eigeninteresse werde berührt" (ebd.) Was immer sich ideologiekritisch zu Mill alles sagen lässt und gesagt wurde, er will offensichtlich nicht als Apologet eines gnadenlosen Beuteliberalismus auftreten. Er spricht zu all dem, wie es auch heute noch völlig selbstverständlich ist, des Öfteren von „Freiheiten" im Plural. Gewissensfreiheit, Freiheit der Gedanken und der Gefühle, Meinungsfreiheit und die freie Möglichkeiten des Nachdenkens über Gegebenheiten und Chancen in einer Situation gehören zu den modernen „Freiheiten", die dem Subjekt in der Sphäre seiner Eigenständigkeit zu gewährleisten sind. „Keine Gesellschaft, worin diese Freiheiten nicht insgesamt beachtet werden, kann als frei gelten, wie immer ihre Regierungsform aussehen mag; und niemand ist in einer Gesellschaft vollkommen frei, worin sie nicht absolut und unqualifiziert existieren" (ebd.). Auf diesem Hintergrund spricht Mill die Kernvorstellung seiner gesamten *utilitaristischen* Freiheitstheorie nochmals klar und deutlich aus: „Die einzige Freiheit, die diesen Namen verdient, besteht darin, unser Wohlbefinden (*good*) auf unsere eigene Art und Weise verfolgen zu können, solange wir nicht den Versuch unternehmen, anderen diese Freiheit zu versagen oder ihre Bemühungen zu behindern, sie zu erreichen" (OL 12). In dieser Hinsicht sind sogar die Unterschiede gegenüber einem Schlüsselsatz der *deontischen* Ethik bzw. Rechtsphilosophie Immanuel Kants bei allen sonstigen Gegensätzen zwischen Utilitarismus und deontischer Pflichtenlehre nicht gerade gewaltig. Kants „Metaphysik der Sitten" wirft ja u.a. die Frage auf, ob und wie angesichts der „Freiheit der

Willkür" von Akteuren, „die Handlung eines von beiden sich mit der Freiheit des anderen nach einem allgemeinen Gesetze zusammen vereinigen lasse."[70]

Eine Reihe von Motiven des *klassischen Liberalismus* so wie ihn John Stuart Mill vertritt, ist von „Libertären" (*libertarianism*) der Gegenwart und jüngeren Gegenwart zu einer Art Marktextremismus umgebogen und verschärft worden. Von wirtschaftstheoretischen und moralphilosophischen Gedanken Mills und vieler seiner Zeitgenossen vergleichbaren Geistes kann man bei aller einschlägigen Kritik und Ideologiekritik daran sagen, sie hätten zu den auslaufenden Zeiten von Feudalherrschaft, Absolutismus und Monarchie Ideen entwickelt, die – wenn auch vorwiegend für verschiedene Gruppen des Bürgertums – gewiss befreiend wirkten. Vom Marktfundamentalismus der Libertären werden beispielsweise Mills Vorbehalte gegen Eingriffe des autoritären Staates in die Freiheitsspielräume des Einzelnen zu radikalen Forderungen nach der „Deregulierung" staatlicher Eingriffsmöglichkeiten in gesellschaftliche Zusammenhänge und individuelle Angelegenheiten überhaupt umgebogen. Hinzu kommt der feste Glauben an die Segnungen von „Privatisierungen" um jeden Preis, vor allem aber die Heiligung des Postulats der grundsätzlichen Ordnung menschlicher Beziehungen durch „die freien Märkte" im „wettbewerblich organisierten Kapitalismus" (KuF 22). Nur dadurch sei die Freiheit des Einzelnen wirklich sicher zu stellen. Dem korrespondiert die kulturhegemoniale Verflechtung von Denken und Sprache mit einer universalisierten Marktrhetorik. Falls man diesen Fetisch nicht selbst anbetet, beachte man daher, „wie die Sprache des Marktplatzes einen jeden Aspekt des menschlichen Lebens durchdringt" (D 89). Als ausgesprochen radikalliberal gebärden sich derzeit bekanntlich amerikanische Konservative, die Tea-Partys geben. Von nämlichem Kaliber sind die sog. „Chicago Boys". Dabei handelt es sich um eine Gruppe chilenischer Ökonomen, die an der Universität von Chicago Wirtschaftswissenschaften („Chicago School") studiert und sich daran gemacht hatten, wirtschaftspolitische Empfehlungen des einflussreichen österreichischen Ökonomen Friedrich Hayek (1899-1992), vor allem aber des in Chicago lehrenden Milton Friedman (1912-2006) im Rahmen eines völlig *illiberalen* Systems, nämlich im Rahmen der (Pinochet-)Diktatur in Chile umzusetzen. Es gibt die sehr weit verbreitete Ansicht, dass ihnen das insbesondere mit dem Effekt der Stärkung des Autoritarismus und der Verschärfung der sozialen Ungleichheit in diesem Land gelungen sei.

---

70 I. Kant: Metaphysik der Sitten, a.a.O.; S. 337 (AB 33).

3 Freiheit

An der Schrift von Milton Friedman über „Kapitalismus und Freiheit" (1962) lässt sich unter manch anderem gut ablesen, wie sich Freiheitsvorstellungen mit ausdrücklichen Apologien für „den Kapitalismus" verbinden und in welcher modifizierten Form eine Reihe der bei Mill vorzufinden freiheitstheoretischen Motive umgeformt werden. „Die Geschichte lehrt, dass der Kapitalismus eine notwendige Voraussetzung für politische Freiheit ist" (KF 30). Das wird durch die erstaunlich umweglose Aussage ergänzt, der „Wettbewerbs-Kapitalismus" stelle diejenige wirtschaftliche Organisationsform dar, „die unmittelbar für wirtschaftliche Freiheit sorgt" (KF 29). Es dürfte damit der Kapitalismus moderner „westlicher" Prägung gemeint sein. Doch es ist auch nicht ausgeschlossen, dass die Annahme des Zusammenhangs zwischen Kapitalbildung und der zwangsläufigen Erweiterung von individuellen Spielräumen für Wahlfreiheit an solchen bis in die Vorgeschichte der Menschheit zurück reichenden nationalökonomischen Fabeln wie etwa der von Wilhelm Roscher festgemacht ist. Damit verbindet sich die Mär vom „einfachen Warentausch" in der Frühgeschichte der Menschheit (vgl. KF 35 ff.). Roscher kürt Urmenschen zu den Erfindern „des Kapitals".[71] Es war einmal ein pfiffiger Urfischer, der – anstatt die in den Lachen nach der Ebbe aufgesammelten Fische zu verzehren – einige der Wassertiere als Vorrat für den Lebensunterhalt für die Zeit aufbewahrte, in der er seinen Einfall eines Netzes in die Tat umsetzen konnte. Es kommt also durch Sparen und „Umwegproduktion" zu einem Mehrertrag an Produkten, der (zusammen mit dem Netz) „Kapital" genannt wird. Wenn die Vorräte so umfangreich sind, dass ein Austausch der eigenen veräußerungsfähiger Güter (Waren) gegen ein begehrtes Gut, das sich im Besitz von verkaufsbereiten Anderen befindet, möglich wird, dann entstehen „Märkte" in Gestalt irgendwelcher Akte, Gelegenheiten und Orte des Austauschs Ware gegen Ware. Anders ausgedrückt: Es kommt alsbald zu „Märkten" zunächst im Sinne einer „einfachen Warenwirtschaft". Deren Eigenheiten vor der Einführung des Schmiermittels „Geld" fasst Friedman so zusammen: „Ungeachtet der wichtigen Rolle der Unternehmungen und des Geldes in unserer heutigen Wirtschaft und ungeachtet der vielen Probleme, die ihre Existenz aufwirft, ist der charakteristische Zug der Markttechnik, nämlich das Erreichen der Koordination (von Tauschakten – J.R.), bereits in dem einfachen Modell der Tauschwirtschaft, die weder Unternehmen noch Geld kennt, vollzählig

---

71 Vgl. dazu J. Ritsert: Schlüsselprobleme der Gesellschaftstheorie, a.a.O.; S. 378 ff. Roschers Parabel findet sich in seinem Buch von 1874: „Geschichte der Nationalökonomik in Deutschland", von der es einen Nachdruck aus dem Jahre 1992 gibt.

enthalten" (KF 35). Das Modell der einfachen Warentauschwirtschaft stellt zweifellos eine historische Fiktion dar. Denn kein Anthropologe geht davon aus, dass es sie jemals gegeben hat.[72] Es könnte sich allerdings um eine Idealisierung, um eine Menge kontrafaktischer Annahmen handeln, die zwar nicht wahr oder falsch sein kann, sondern nur ähnlich wie die Weberschen historischen Idealtypen tauglich oder untauglich für die systematische Einsicht in tatsächliche Gegebenheiten ist. Doch ihre Brauchbarkeit wird ebenfalls energisch bestritten. Denn alles sieht außerhalb des Dogmatismus der neo-klassischen Wirtschaftstheorie nach einem schlichten geldtheoretischen und empirischen Irrtum aus, wenn behauptet wird, erst gelange die einfache Warenwirtschaft, dann Geld und dann Kredit in die ökonomische Welt.[73] Solche problematischen Hintergründe sind zu berücksichtigen, wenn man sich daran erinnert, dass schon Aristoteles in seiner „Nikomachischen Ethik" den Tausch mit den Prinzipien von *Gerechtigkeit* und *Gleichheit* in Verbindung gebracht hat, weil (im Unterschied zum Gewinnstreben der Chrematistik) Gleiches gegen Gleiches abgegolten wird (Äquivalententausch).[74] Friedmann verkoppelt darüber hinaus die Normen von *Rationalität* und *Freiheit* mit dem Tauschbegriff: „Die Möglichkeit der Koordination durch freiwillige Kooperation basiert auf der elementaren – freilich häufig verneinten – Voraussetzung, dass beide Parteien einer wirtschaftlichen Transaktion von ihr profitieren, *vorausgesetzt, die Transaktion geschieht auf beiden Seiten freiwillig und im vollen Wissen darüber, was geschieht*. Der Austausch kann daher Koordination ohne Zwang herbeiführen", insofern ist er auch moralisch einwandfrei (KF 35; Herv.i.Org.). Das klassische Äquivalenzprinzip taucht mithin in Form der These wieder auf, ein Austausch könne nur dann als *freiwillig* bezeichnet werden, wenn die Tauschpartner über gleichwertige Alternativen verfügten. Deswegen besorgt sich der Liberale u.a. auch über Monopole (vgl. KF 158 ff.). Marx hat die Mär vom gleichsam automatisch freien und gerechten Tausch von Äquivalenten auf den „freien" Arbeitsmärkten drastisch entzaubert. Friedman sieht trotz aller ideologischen Gleichsetzung von Individuierung mit liberalem Individualismus natürlich ein, dass ein „Grundproblem sozialer Organisation" darin besteht: „Wie kann man die

---

72 D. Graeber verweist auf Studien von C. Huntington, woraus hervorgeht, dass eine einfache Warenwirtschaft nirgendwo existiert hat. (D 29).
73 (D 21). In die gleiche Richtung gehen auch die kritischen Studien von H. G. Backhaus zur Kapital- und Geldtheorie.
74 Aristoteles: Nikomachische Ethik, Buch V, Kapitel 8.

wirtschaftlichen Aktivitäten einer großen Menge von Menschen koordinieren?" (KF 33). Die Koordinationsinstanz *par excellence* sind für ihn natürlich die „freien", und das heißt: von staatlichen Eingriffen freien Märkte der privaten Unternehmungen. „Frei" sei diejenige Gesellschaft, „die sich in erster Linie auf den Markt verlässt, der die wirtschaftliche Aktivität koordiniert" (KF 22; vgl. auch 44). Da wird denn auch der latente Horror vieler, Friedman sagt: „liberal-konservativer" (KF 25) Amerikaner deutlich, den diese vor sozialstaatlichen Maßnahmen empfinden. „Der Bürger der Vereinigten Staaten, der durch das Gesetz gezwungen wird, runde zehn Prozent seines Einkommens für den Kauf von bestimmten Formen der Alterssicherung zu verwenden, die dann vom Staat verwaltet werden, wird um einen entsprechenden Teil seiner persönlichen Freiheit gebracht" (KF 28). Ach, wenn nur der Widerstand gegen sozialstaatliche Maßnahmen auf nicht mehr als diese dogmatische Freiheits*rhetorik* zurückgreifen könnte. Doch anderseits betont auch Friedman, dass alles nicht ganz ohne staatliche Institutionen, Organisationen und regulierende Maßnahmen geht, dass jedoch die „große Gefahr für die Freiheit in der Konzentration von Macht beschlossen liegt" (KF 20) sowie in den Chancen verankert ist, Zwang auszuüben (KF 37). Hierin folgt Friedmann natürlich unmittelbar Mill: Freiheit bedeutet, dass es keinen Zwang eines Menschen gegenüber einem anderen geben darf. „Die fundamentale Bedrohung der Freiheit kommt gerade durch die Macht, Zwang ausüben zu können, sei es durch einen Monarchen, einen Diktator, eine Oligarchie oder eine momentane demokratische Mehrheit" zustande (KF 37). Sehr schön und sehr gut. Genau das betont aber auch die deontische Pflichtethik mit dem Kategorischen Imperativ Kants, der auf seine Weise ja ebenfalls gebietet, dass die Menschen keinen Zwang gegeneinander ausüben, allerdings auch verbietet, dass einer den anderen aus nacktem Eigeninteresse heraus instrumentalisiert (vgl. KF 51). Zudem legt Friedman den größten Wert auf die Feststellung, dass ein Liberaler den Individualismus keineswegs zum Anarchismus zuspitzen will (KF 60). Auch für ihn stellt sich daher das Kant Problem einer vernünftigen Rechtsordnung. Denn analog der Bezugsproblematik des Rechtsprinzips in der „Metaphysik der Sitten" will der Liberalismus, so wie ihn Friedman versteht, „jedem einzelnen Menschen ein Höchstmaß an Freiheit sichern, solange es nicht die Freiheit anderer Menschen beeinträchtigt" (KF 63). Deswegen schwankt der Autor ständig zwischen der Einsicht in die Notwendigkeit staatlicher Regeln und Eingriffe und dem radikalliberalen Traum von einer unbedingten Freiheitssphäre des Einzelnen hin und her. In das kapitalistische Weltsystem *immanent* eingelassene Krisenpotentiale kennt Milton

Friedman eigentlich nicht. Die Aversion gegen sozialstaatliche Maßnahmen, welche auf mehr soziale Gerechtigkeit zielen, betrachtet er mit „liberal-konservativer" Skepsis: „In den vergangenen Jahren sind die Begriffe >>Vollbeschäftigung<< und >>Wirtschaftswachstum<< für die Regierung zu erstklassigen Entschuldigungen geworden, sich immer mehr in wirtschaftliche Angelegenheiten einzumischen. Eine Wirtschaft des freien Unternehmertums, so sagt man, sei von Natur aus instabil. Sich selbst überlassen, schaffe sie abwechselnde Zyklen von Boom und Bankrott" (KF 62). Man kann sich nicht ganz des Eindrucks erwehren, dass gerade *die immanente Instabilität* des Kapitalismus im Verlauf der jüngsten Schuldenkrisen mal wieder ganz deutlich hervorgetreten ist.

Über die Problematik von Freiheitsbeweisen.[75]

Der Wille des Subjekts, sagt Kant in der „Grundlegung der Metaphysik der Sitten", kann nur unter der Voraussetzung der Idee der Freiheit ein „eigener Wille", also ein Wollen bedeuten, das sich selbst ein Gesetz gibt (Autonomie) und von außen gegebenen Einflüssen nicht einfach nur zwangsläufig folgen muss (Heteronomie) (MS 83). Aber kann ein schlüssiger Beweis geführt werden, dass wir überhaupt über einen freien Willen verfügen und daher tatsächlich bei einigen Gelegenheiten etwas anderes anstreben können als das, was uns – auch von der Vernunft – geboten wird?[76] Kants Antwort lautet, dass ein Freiheitsbeweis im Einklang mit der strengen Beweislogik wie sie Mathematik und Geometrie auszeichnet, letztendlich nicht möglich ist. Gleichwohl: „Alle Menschen denken sich dem Willen nach frei" (GMS 90). Aber, ob dieser Gedanke hieb- und stichfest ist, daran lassen sich die Zweifel nicht endgültig ausräumen; denn „Freiheit (ist) kein Erfahrungsbegriff." (GMS 92). Man kann den freien Willen nicht durch Beobachtungen so dingfest machen wie etwa das Gewicht eines Festkörpers. „Daher ist Freiheit nur eine *Idee* der Vernunft, deren objektive Realität an sich zweifelhaft ist, Natur (mit ihren Kausalgesetzen – J.R.) aber ein *Verstandesbegriff*, der seine Realität an Beispielen der

---

75 Vgl. dazu U. Pothast: Die Unzulänglichkeit der Freiheitsbeweise. Zu einigen Lehrstücken aus der neueren Geschichte von Philosophie und Recht, Frankfurt/M 1980 und U. Pothast (Hrsg.): Seminar: Freies Handeln und Determinismus, Frankfurt/M 1978. T. Honderich: Wie frei sind wir? Das Determinismus-Problem, Stuttgart 1995. Vgl. auch J. Ritsert: Bestimmung und Selbstbestimmung, a.a.O.; S. 37 ff.

76 MS 75. Vgl. auch J. Bojanowski: Kants Theorie der Freiheit, Berlin 2006, S. 70 ff. oder G. Keil: Willensfreiheit, Berlin 2007.

Erfahrung beweiset und notwendig beweisen muss" (ebd.). Nochmals: Ideen im Sinne einer Menge kontrafaktischer, also den Beobachtungsdaten widersprechender Aussagen können unverzichtbar sein, um bestimmte Sachverhalte überhaupt erst erkennen und erklären zu können. Dementsprechend steckt die Idee der Freiheit hinter all unseren Maßnahmen, welche Verantwortlichkeit eines Subjekts reklamieren oder davon ausgehen, eine Aktion sei nicht gezwungenermaßen, sondern spontan und/oder aus guten oder schlechten Gründen (statt Ursachen) unternommen worden. Nun hängt die These von der Unbeweisbarkeit der Annahme unserer Willensfreiheit immer auch von dem Beweisbegriff, der gemeint ist und von den Beweisstrategien ab, die angestrebt werden. Wenn *more geometrico,* also nach den Prinzipien der strengen Beweislogik der Mathematik und Geometrie vorgegangen werden soll, um die Annahme eines freien Willens zu sichern, dann müsste diese Kompetenz aus heteronomen Voraussetzungen abgeleitet werden, aus denen sie notwendigerweise folgt. Bei Aristoteles führt der damit vorgezeichnete Weg der Suche nach den Voraussetzungen der Voraussetzungen ... zurück bis zum ersten „unbewegten Beweger", der allein der unbedingten Anstöße fähig ist. Eine „äußere" Voraussetzung widerspräche schon rein logisch der Idee eines *selbst gegebenen* Gesetzes des Handelns. Aber vielleicht lässt sich die Annahme menschlicher Spontaneität mit *guten Gründen* stützen? (Wobei natürlich sofort Probleme des Kalibers auftauchen: Was unterscheidet gute von schlechten Gründen? Wie unterscheiden sich – wenn überhaupt – Gründe von Ursachen?). Vielleicht lässt sich das Vorhandensein dieser Kompetenz des Subjekts *praktisch demonstrieren?* Dieser Ansicht ist J. G. Fichte (1762-1814). Auch er hält den Weg einer deduktiven Beweisführung für das Vorhandensein von Willensfreiheit für nicht gangbar. Er will gleichwohl unsere Fähigkeit zu einer „Kausalität aus Freiheit" jedem vernunftbegabten Einzelnen *praktisch,* gleichsam im Vollzug eines Gedankenexperimentes demonstrieren, wozu der Akteur selbst grundsätzlich in der Lage ist – es sei denn, er schaltet seine Denkfähigkeit aus. Das denkende Subjekt wird von Fichte „das Ich" genannt. Die Sachverhalte, über die es nachdenkt und/oder die es behandelt, nennt Fichte „das Nicht-Ich". Das Nichtich setzt sich ganz allgemein aus materiellen Dingen, Artefakten und anderen Akteuren zusammen. Die Grundmerkmale des Ich liest Fichte an der von Kant sog. „transzendentalen Apperzeption" (vgl. KrV B 131 ff.) ab. Kant beschreibt sie als „das Ich denke, das alle meine Vorstellungen muss begleiten können." Fichte fasst sie sonnenklar so zusammen: „Ich kann keinen Schritt tun, weder Hand noch Fuß bewegen, ohne die intellektuelle Anschauung meines Selbstbewusstseins; nur durch diese Anschauung weiß ich, dass *ich* es tue, nur durch diese unterscheide ich mein Handeln und in demselben mich von dem vorgefundenen Objekte des Handelns. Jeder, der sich eine solche Tätigkeit zuschreibt, beruft sich auf diese Anschauung: In ihr ist die Quelle des Lebens, und ohne sie ist der Tod" (1.EL; 49 f.). Die praktische Demonstration dieser Kompetenz beginnt mit einem ersten Schritt der Selbstreflexion. Er erfordert den denkenden Vollzug einer *Abstraktion*. Man möge einmal alle Gedanken an irgendeine Erscheinungsform des Nicht-Ich einstellen, vom Bezug auf Gegenstände, Artefakte, sprachliche Gebilde (Themen) und andere Personen samt ihrem Verhalten einmal konsequent absehen. Es wird von allem abstrahiert, was draußen so vor sich geht. Die erste Aufforderung zur Durchführung des Experimentes besteht also darin, den Schweinwerfer der Aufmerksamkeit ganz auf die eigenen „inneren" Prozesse des Denkens zu richten. Der zweite Schritt des Experimentes besteht im Vollzug eines *bestimmten* Denkaktes. Man möge einmal nur sich selbst, nur an sich selbst und nichts anderes im Vollzug dieses Denkaktes denken. Jeder Adressat wird hoffentlich bemerken, „dass, indem er zu diesem Denken aufgefordert wird, er zu etwas von seiner Selbsttätigkeit Abhängigem, und, wenn er das Geforderte vollbringt, wirklich durch Selbsttätigkeit sich affiziere, also *handle*" (1. EL 48). Es geht um eine – wie Fichte sagt – „in sich selbst zurückgehende" (selbstbezügliche) Handlung, die der Akteur, dazu aufgefordert und nicht gezwungen, von sich aus (*sua sponte*) vollziehen kann. Im dritten Schritt kann der Akteur einsehen, dass diese Aktion von ihm aus *freiem* Entschluss selbst *und niemandem anderen* durchgeführt wurde. Es kann also zumindest *eine* Aktivität demonstriert werden, die man füglich als „Kausalität aus Freiheit" bezeichnen kann. Es zeigt sich für alle Beteiligten im vierten Schritt zudem, dass „das Ich" keine Substanz darstellt, die sich dabei selbst „widerspiegelt", sondern eine Kompetenz bedeutet, die in ihrem praktischen Vollzug als vorhanden und selbstbestimmt eingesehen werden kann. Deswegen sagt Fichte mit Fug, das Ich sei keine Tatsache, sondern eine *Tathandlung*.

Leider ist die unendlich zähe Kontroverse zwischen Determinismus und Indeterminismus auch mit dieser Demonstration nicht ganz stillzustellen. Das Problem verschwindet also auch mit diesem eindrucksvollen Experiment nicht endgültig aus der Welt der Menschen. Denn der Adressat der Aufforderung zum Sich-selbst-Denken kann z.B. sagen: Da gibt es einen „Anstoß" auf eine Hirnregion, die mich zu diesem Eindruck einer selbstbestimmten Handlung nötigt – wartet nur mal ab, bis auch das von der Hirnforschung geklärt ist! Oder er meint: Da gibt es letztendlich nur einen Dämon, der mir diese Freiheitsillusion eingepflanzt hat. Wenn dieser Punkt in der Diskussion erreicht ist, dann hilft nach meiner Auffassung in der Tat nur eine *selbstbestimmte* Entscheidung für die von Jürgen Habermas so wunderschön bezeichnete Strategie des „wechselseitigen Achselzuckens".[77]

Literaturverzeichnis

Th. W. Adorno: Negative Dialektik, Frankfurt/M 1966.

L. Althusser: Marxismus und Ideologie, Berlin 1973.

G. S. Becker: The Economic Approach to Human Behavior, Chicago 1976,

P. Bieri: Das Handwerk der Freiheit. Über die Entdeckung des eigenen Willens, München/Wien 2001.

J. Bojanowski: Kants Theorie der Freiheit, Berlin 2006.

W. Capelle: Die Vorsokratiker, Stuttgart 1953.

D. C. Dennett: >>Ellenbogenfreiheit<<. Die erstrebenswerten Formen freien Willens, Weinheim 1994.

H. Esser: Soziologie. Allgemeine Grundlagen, Frankfurt/New York 1993.

J. G. Fichte: Grundlage der gesamten Wissenschaftslehre (1794), Hamburg 1956.

G. Geyer: Hirnforschung und Willensfreiheit, Frankfurt/M 2004.

R. N. Gier: Scientific Perspectivism, Chicago 2006.

D. Graeber: Debt. The first 5000 years, New York 2011.

G. W. F. Hegel: Rechtsphilosophie von 1824/25 (Griesheim-Mitschrift), Ed. Ilting, Band IV von 1973.

P. B. Hill: Rational-Choice-Theorie, Bielefeld 2002.

T. Honderich: Wie frei sind wir? Das Determinismus-Problem, Stuttgart 1995.

G. Keil: Willensfreiheit, Berlin 2007.

M. Pauen: Illusion Freiheit? Mögliche und unmögliche Konsequenzen der Hirnforschung, Frankfurt/M 2004.

J. Ritsert: Kleines Lehrbuch der Dialektik, Darmstadt 1997.

J. Ritsert: Theorie praktischer Probleme, Wiesbaden 2012.

J. J. Rousseau: Vom Gesellschaftsvertrag oder Grundsätze des Staatsrechts, Stuttgart 1977.

A. Sen: Inequality Reexamined, Harvard 1992.

---

77 Interessant ist, dass auch Hegel im § 29 seiner Rechtsphilosophie von 1821 noch auf das Fichteexperiment anspielt.

A. *Sen*: The Idea of Justice, Chicago 2009,
W. *Singer*: Eine neues Menschenbild? Frankfurt/M 2003.
B. *Spinoza*: Die Ethik. Schriften und Briefe (hrsg. v. F. Bülow), Stuttgart 1955.
M. *Weber*: Gesammelte Aufsätze zur Wissenschaftslehre, Tübingen 1968 ff.

Siglen

BM: J. G. Fichte: Die Bestimmung des Menschen, (hrsg. v. F. Medicus; rev. V. E. Fuchs), Hamburg 1979.
D: D. Graber: Debt. The First 5000 Years, New York 2011.
EL 1: J. G. Fichte: Erste und zweite Einleitung in die Wissenschaftslehre, Hamburg.
GMS: I. Kant: Grundlegung zur Metaphysik der Sitten, in: Werke in sechs Bänden (hrsg. v. W. Weischedel), Band IV, Darmstadt 1963.
KF: M. Friedmann: Kapitalismus und Freiheit, Stuttgart 1971.
KrV: I. Kant: Kritik der reinen Vernunft, Werke in sechs Bänden (hrsg. v. W. Weischedel), Band II, Darmstadt 1963.
KpV: I. Kant: Kritik der praktischen Vernunft, Werke in sechs Bänden (hrsg. v. W. Weischedel), Band IV, Darmstadt 1963.
MS: I. Kant: Die Metaphysik der Sitten, Werke in sechs Bänden (hrsg. v. W. Weischedel), Band IV, Darmstadt 1963.
OL: J. St. Mill: On Liberty, Stillwell 2005.
RCT: P. B. Hill: Rational-Choice-Theorie, Bielefeld 2002.

Vernunft 4

Vernunftprädikationen.[78]

Ursprünglich wurde „die Vernunft" im buchstäblichen Sinne als eine überweltliche Person, nämlich letztendlich als Gott begriffen. So zum Beispiel schon auf eine die Geschichte der abendländischen Philosophie nachhaltig beeinflussende Weise in der „Metaphysik" des Aristoteles. Im Griechischen bedeutet „nous" die Vernunft, was dann im Latein mit „ratio" übersetzt wird. Die Vernunft, sagt Aristoteles, „scheint unter den Erscheinungen das Göttlichste zu sein ..." (Met 320). Ein entscheidendes Merkmal der göttlichen Vernunft ist für ihn zudem die reine Selbstbeziehung, das reine, unbedingte Denken des Denkens (ebd.). „Das Denken an sich geht auf das, was an sich das Beste ist, und Denken im höchsten Sinn an sich auf das, was im höchsten Sinn das Beste an sich ist. Sich selbst denkt die Vernunft ..." (Met 314). Sie ist aber letztlich als Gott (theos) zu bestimmen (ebd.). Es gibt eine lange Geschichte der Philosophie und Theologie, in der die verschiedenen Grade „der Vernunft", die in uns endlichen Wesen als göttlicher Funke ausgeprägt sein können, in ein wechselndes Verhältnis zur göttlichen Vernunft und zum Glauben an Gott oder die Götter gebracht wurden. So versucht beispielsweise Baruch Spinoza (1632-1677) die Frage zu beantworten: „ ... da doch die Grundlage der Theologie, dass die Menschen bloß durch den Gehorsam selig werden, sich nicht durch die Vernunft hinsichtlich ihrer Wahrheit oder Falschheit beweisen lässt, warum glauben wir denn daran?"[79] Hinzu kommt der ebenfalls für ganze Epochen charakteristische Annahme einer göttlichen Vernunftordnung der Natur(zusammenhänge) draußen. Aristoteles denkt zwar nicht an einen Schöpfergott wie später dann im Christentum,

---

78 Die Textgrundlage bilden in diesem Falle: J. Ritsert: Moderne Dialektik und die Dialektik der Moderne, a.a.O.; S. 212 ff. und ders. Zum Begriff der Vernunft in der Dialektik der Aufklärung (auf der home page).

79 B. Spinoza: Theologisch-politischer Traktat (Tractatus Theologico-Politicus), Hamburg 1994, S. 97.

bezeichnet aber die Naturordnung selbst als „göttlich". Bei Spinoza heißt es: „Daraus nun, dass in der Natur nichts geschieht, was nicht aus ihren Gesetzen folgt, und dass ihre Gesetze sich auf alles erstrecken, was auch der göttliche Verstand selbst begreift, und dass endlich die Natur eine feste und unveränderliche Ordnung einhält, daraus folgt mit völliger Klarheit, dass das Wort Wunder nur mit Beziehung auf die menschlichen Anschauungen verstanden werden kann ..."[80]

Mir erscheint es als mindestens so vernünftig wie im Falle der Hauptworte „Gerechtigkeit", „Gleichheit" und „Freiheit", das Substantiv „die Vernunft" in die Urteilsform umzugießen. Die elementare Vernunftprädikation lautet demzufolge: „x ist vernünftig" oder „x ist unvernünftig". An der Variablenstelle x werden alltagssprachlich und wissenschaftssprachlich – genauso wie bei den drei anderen Grundbegriffen der politischen Philosophie auch – gemeinhin ganz verschiedene Fälle eingesetzt und auch das Prädikat „vernünftig" erweist sich als alles andere denn homogen. Es ist vielschichtig. X deckt das gesamte Spektrum individueller und gesellschaftlicher Phänomene bis hin zur Gesamtgesellschaft ab. Und das gleiche gilt für die Varianten des Prädikats „vernünftig". Wann und wie beurteilen wir irgendjemanden oder irgendein Phänomen X als „vernünftig"? Auch wenn man in einigen der Beispielfälle sagen kann, sie seien nicht schlechthin mit dem Prädikat „rational" gleichzusetzen, gibt es doch stets innere Zusammenhänge zwischen ihnen:

X bezieht sich auf Einstellungen und Denkprozesse des Individuums:

In diesem Falle kann „vernünftig" beispielsweise bedeuten:
- A ist ein nachdenklicher Mensch.
- A nimmt meistens eine die Optionen in der Situation abwägende Haltung im Angesicht von Problemen ein.
- A ist in dem Sinne ein reflektierter Mensch, dass er in mancherlei Hinsichten weiß, wie er angesichts von Problemen normalerweise zu denken und vorzugehen pflegt.
- A kann im Allgemeinen schlüssig denken.
- A nimmt in Konflikten meistens eine aggressionsfreie und kompromissbereite Haltung ein.
- A handelt auf dem Boden einer reichhaltigen und stimmigen Lebenserfahrung.
- A ist der Empathie fähig usf.

---

[80]

4 Vernunft

X bezieht sich auf Handlungen des Individuums:

In diesem Falle kann „vernünftig" beispielsweise heißen:
- A handelt zweckrational. Ein anderer Ausdruck dafür ist: Sein Tun ist *effizient*.
- A hat gute (z.b. moralisch einwandfreie) Gründe für sein Handeln in Anspruch genommen.
- A handelt der sittlichen Pflicht entsprechend und achtet daher die Würde der anderen Subjekte.
- A nutzt im Allgemeinen die vorhandenen Optionen für das Vorgehen in einer Problemsituation mit Geschick und zu seinem Vorteil usf.

X bezieht sich auf Interaktionen zwischen Menschen.

Auch hierbei findet man eine Reihe verschiedener Fälle vor:
- Die Interaktion verläuft in geordneten Bahnen. Sie ist reibungsarm, arm an destruktiven Gegensätzen und Zwängen und führt zum gemeinsamen Ziel.
- Die Leute respektieren den sozialen Status des Anderen und verhalten sich dementsprechend bei ihren Kontakten. Allerdings kann gerade dieses Verhalten völlig irrational, so zum Beispiel Ausdruck von Unterordnung und Unterwerfung unter „hoch Gestellte" sein. Es handelt sich dann um „Anerkennung" als (z.B. traditionell) respektierter Status in einem System sozialer Unterschiede und Ungleichheit(en).
- Die Leute respektieren den Sachverstand anderer bei ihren Kontakten und verlassen sich bei ihren eigenen Entscheidungen und Aktionen darauf („Anerkennung" als Respekt vor wohlbegründeter Autorität, beispielsweise aufgrund von Leistungen).
- Die Menschen „*anerkennen* sich als *gegenseitig sich anerkennend.*"[81] So wird die Vernunftidee der *reinen Anerkennung* bei Hegel bestimmt. Sie stellt eine Version der sittlich höchstrangigen Maxime der praktischen Vernunft bei Kant, d.h. seines des kategorischen Imperativs dar. Im idealen Fall würden die Menschen als Vernunftwesen so interagieren, dass jeder den anderen immer zugleich als Selbstzweck und niemals bloß als Mittel zum eigenen Zweck behandelt. Das bedeutet *Anerkennung* in Form der Achtung der Autonomie der anderen Subjekte und damit ihrer Würde.
- A erfüllt die legitimen Erwartungen anderer und/oder gehorcht den Normen des positiven Rechts, was jedoch in vielen Fällen auch die Orientierung an Normen

---

81 G. W. F. Hegel: Phänomenologie des Geistes, Hamburg 1952, S. 143 (Herv. i. Org.).

und Regeln bedeuten kann, die „irrational" im Sinne von „Unrecht" (so wie im Rechtssystem in totalitären Staaten) sind usf.

X bezieht sich auf Institutionen und Organisationen.

Es ist sinnvoll, Organisationen als soziale Gebilde (wie ein Standesamt) von Institutionen als Verfahren (Heirat) zu unterscheiden. Eine Vernunftaussage über Organisationen und Institutionen kann dann beispielsweise so aussehen:
- Die Einrichtung erfüllt ihre Ziele und Zwecke. Sie ist *effizient*. Die Abläufe (Verfahren) in der Organisation können natürlich ebenfalls als effizient oder ineffizient beurteilt werden.
- Das kann auch heißen: Die Einrichtung erbringt tatsächlich die von den Menschen erwarteten Leistungen.
- Die Einrichtung entlastet durch ihre für alle verfügbaren Verfahren die einzelnen Menschen von der Bearbeitung spezifischer Probleme (A. Gehlen).
- Die Einrichtung trägt erfolgreich zu den Entwicklungs- und Bestandsbedingungen autonomer Subjektivität bei (gemäß der Philosophie von Kant, Fichte und Hegel bis zu Adorno). In diesem Falle spreche ich von „reflexiven Institutionen", weil sie sich unterstützend auf eine wesentliche ihrer eigenen Bestandsbedingungen, nämlich auf die Autonomie der Subjekte beziehen – usf.

X bezieht sich auf die Gesamtgesellschaft bzw. auf Strukturen und Prozesse in der gesellschaftlichen Totalität.

Es ist zwar in der politischen Philosophie strittig, ob sich das Prädikat „vernünftig" auf ganze Gesellschaften und/oder bestimmte ihrer emergenten Eigenschaften anwenden lässt. Das geschieht aber durchaus. So zum Beispiel kann es heißen:
- X ist eine „gerechte" und/oder „freie" und/oder (einigermaßen) „egalitäre" Gesellschaftsformation.
- X kommt der Idee eines die Würde jedes Menschen nachhaltig stützenden „Reichs der Zwecke" (Kant) mehr oder minder nahe.
- X kommt dem Ideal der „substantiellen Sittlichkeit" mehr oder minder nahe. Dieser Idee zufolge bilden vernünftige Einstellungen, Interaktionen und Organisationen im Einzelnen und Besonderen, einen vermittelten Zusammenhang im Allgemeinen, den Hegel als „konkrete Freiheit" bezeichnet (RPh § 260). Das wiederum bedeutet: Der

4 Vernunft

Zusammenhang zeichnet sich insgesamt durch einen Verbund autonomiefördernder Einstellungen, Interaktionen, Instanzen, Strukturen und Prozesse aus.
- X entspricht mehr oder minder dem Ideal einer „versöhnten", die Repression der Individuen in verdinglichten und entfremdeten Verhältnissen entschlossen mindernden Gesellschaft (Marx; Adorno).
- Es gibt eine effiziente – nicht zuletzt durch „die Märkte" garantierte – Gesamtordnung der menschlichen Beziehungen usf.

Selbstverständlich kann die Negation einer jeden dieser Bedeutungen, also das Prädikat „unvernünftig" auf die jeweiligen Gegebenheiten passen.

Diese Liste ist wahrlich alles andere als vollständig. Aber sie wirft offenkundig und zwangsläufig ein Problem auf, das Jürgen Habermas in die Form der Frage gebracht hat: Worin besteht

Die Einheit der Vernunft in der Vielfalt ihrer Stimmen?

Mitunter ist schon dann von „Vernunfttheorien" die Rede, wenn es nur darum geht, Vermutungen über passende Typenbegriffe anzustellen, worin sich verschiedene der einzelnen Vernunftprädikationen sowie die Relationen (Metarelationen), in denen sie zueinander stehen, einordnen lassen. Vernunfttypologien fallen ebenfalls nicht grundsätzlich deckungsgleich aus; sie können jedoch durchaus eine Reihe von Überschneidungen und Familienähnlichkeiten aufweisen. Das gilt zum Beispiel für die Vernunfttypologie von Jürgen Habermas und die Lehre von den Imperativen in der Ethik von Immanuel Kant. Habermas' „Theorie des kommunikativen Handelns" beginnt mit allgemeinen Überlegungen zum Begriff der „Rationalität" (TKH I/25 ff.). Selbstverständlich beschäftigt auch ihn die Standarddiskussion über Vernunft und Unvernunft in den menschlichen Affairen. Was bedeutet es, „dass sich Personen in einer bestimmten Lage >>rational<< verhalten; was heißt es, dass ihre Äußerungen als >>rational<< gelten dürfen?" (TKH I/25). Damit werden zwei der drei ganz allgemein bestimmten Bereiche typisiert, bei denen wir es gewohnt sind, den darin versammelten Einzelfällen die Eigenschaften „rational" oder „irrational" zuzuschreiben:
- *Handelnde Personen (Aktorrationalität).*
- *Gedankliche und/oder sprachliche Äußerungen (Linguistische Rationalität).*
- *Institutionen, Organisationen bis hin zu Strukturen und Prozessen auf gesamtgesellschaftlichem Niveau (Sozialstrukturell objektive Vernunft).*

Für Habermas besteht ein enger Zusammenhang zwischen Rationalität und Wissen. Rationale Handlungen sind immer auch vom Wissensumfang und Wissensstandard des betreffenden Akteurs abhängig. Insofern sind Wahrheit und Wirksamkeit bei rationalen Handlungen eng miteinander verkoppelt. So steht beispielsweise „die Wirksamkeit einer Handlung … in einer internen Beziehung zur Wahrheit der bedingten Prognosen, welche der Handlungsplan bzw. die Handlungsregel implizieren" (TKH I/26). Wissensbestände können problematisiert und kritisiert werden. Vernunftkritik zielt daher sowohl auf die mit dem Wissen verbundenen Wahrheitsansprüche als auch auf die Wirksamkeit, die jemand mit seiner Aktion reklamiert. Vom Opponenten werden bei Behauptungen die damit erhobenen Geltungsansprüche in Frage gestellt, während der Proponent dadurch, dass er eine Behauptung aufstellt oder eine erfolgreiche Aktion in Aussicht stellt, implizit zugleich seine Bereitschaft erkennen lässt, seine Geltungsansprüche zu *begründen* (ebd.). Ihm wird als rationales Wesen damit ein *habitus asserta demonstrandi*, die Bereitschaft und Fähigkeit zugetraut, gute Gründe für seine Meinungen, Versicherungen und Annahmen erwägen und erwähnen zu können. Kurzum: Wenn Personen die Behauptung aufstellen, irgendetwas sei der Fall und/oder praktisch fordern, es solle der Fall sein, erheben sie mit ihren symbolischen Äußerungen *Ansprüche,* die kritisiert und verteidigt, d.h. *begründet* werden können. Begründungs- und Geltungsansprüche werden in Diskursen, im Austausch von Argumenten gegeneinander abgewogen. Damit offenbart sich der Kern von argumentativer Rationalität nach dem Verständnis von Habermas: „Die Rationalität ihrer Äußerungen bemisst sich an den internen Beziehungen zwischen dem Bedeutungsgehalt, den Gültigkeitsbedingungen und den Gründen, die nötigenfalls für ihre Gültigkeit, für die Wahrheit der Aussage oder für die Wirksamkeit der Handlungsregel angeführt werden können" (TKH I/27). Nicht nur in der „Theorie des kommunikativen Handelns" schließt Habermas' Rationalitätsdiskussion an die Sprechakttheorie in der sprachanalytischen Tradition von Ludwig Wittgenstein (1889-1951) und seiner Nachfolger wie John Austin (1911-1960) und John Searle (geb. 1932) an. Dieser Anschluss bestimmt die allgemeinen Typen von X, die er als Bezugspunkt für die Zuschreibung der Prädikate „vernünftig" oder „unvernünftig" auswählt (vgl. NMD 63 ff.). Er geht von einfachen nicht-sprachlichen Aktionen wie zum Beispiel Hämmern oder Sägen aus. Gemeint sind Zwecktätigkeiten, „mit denen ein Aktor in die Welt eingreift, um durch die Wahl und den Einsatz geeigneter Mittel gesetzte Ziele zu realisieren" (NMD 63). Weber spricht in diesem Falle von „subjektiver Zweckrationalität". Doch auch ein Beobachter kann das

4 Vernunft

Tun und Lassen des Handelnden am Idealtypus eines uneingeschränkt zweckrationalen Vorgehens messen. In diesem Falle spricht Weber von „objektiver Richtigkeitsrationalität" – vorausgesetzt der Beobachter verfügt über ein erweitertes und/oder besser begründetes Wissen als die Agenten selbst. Von solchen nicht-sprachlichen – wenn auch bei Misslingen nicht selten von Flüchen begleiteten – Zwecktätigkeiten unterscheidet Habermas die *Sprechhandlungen*. Es handelt sich dabei um „Akte, mit denen sich ein Sprecher mit einem anderen über etwas in der Welt verständigen möchte" (ebd.). Sprechakte gelten also im Prinzip als verständigungsorientiert. Ohnehin wohnt Verständigung nach Habermas der menschlichen Sprache immer schon als „Telos" inne (TKH I/387). Sprache ist demnach *a priori* auf das Zurechtkommen mit Anderen in der Welt im Rahmen des jeweiligen Wissens über die Gegebenheiten ausgerichtet. Wenn ein Beobachter eine nicht-sprachliche Handlung wie das Rennen eines Mitmenschen in eine bestimmte Richtung verstehen will, dann kann er dessen Antriebe und Absichten nicht direkt (*intentio recta*) feststellen, sondern muss sie anhand von Anhaltspunkten aus dem gesamten Kontext *erschließen*. Der rennt! Da hält ein Bus! Aha, der will den Linienbus noch mit einem Sprint erreichen. Viel Glück! Man kann an weltbewegenden Aktionen wie diesen mithin nicht *unmittelbar* ablesen, wie sie gedacht, geplant sind. Wir können aus eigenen Erfahrungen nur begründete Vermutungen über die Motive des Akteurs bei seinem Vorgehen hegen. Das sieht bei Sprechakten anders aus. Wenn ich eine Aktion in einer Situation als „Anweisung" sprachlich nachvollziehen kann, dann kann ich zugleich ohne Umweg nachvollziehen, welche Art der Aktion der Gegenüber selbst im Unterschied zu anderen Handlungsmustern gerade vollzogen hat. Er hat eine Anweisung gegeben und nicht zum Beispiel eine Bitte geäußert. „Denn im Standardfall wörtlicher Bedeutung gibt ein Sprechakt die Intention des Sprechers zu erkennen; ein Hörer kann dem semantischen Gehalt der Äußerung entnehmen, wie der geäußerte Satz verwendet, d.h. welcher Typus von Handlung mit ihm vollzogen wird" (NMD 64 f.). Um diese besondere Verstehensleistung erbringen zu können, muss man allerdings die Sprachspiele einer Gruppe beherrschen und durch das Lernen der Sprache in das intersubjektiv verbindliche Sinnreservoir aus der Praxis eingeübt sein, das mit Sprechen als Handeln grundsätzlich verwoben ist. Wir lernen, wie George Herbert Mead und Ludwig Wittgenstein übereinstimmend betonen, mit einer Sprache nicht nur Inhalte (Sinn und Bedeutung von Worten und Sätzen), sondern immer auch Umgangsformen mit anderen Menschen und Sachen (Fichtes Nicht-Ich) einer gemeinsamen Lebenswelt. Man kann in der Tat Sprache

„nicht als reine Abstraktion übermitteln, man übermittelt bis zu einem gewissen Grad auch das hinter ihr stehende Leben" mit all seinen Rationalitäten und Irrationalitäten.[82] Bei seinen Untersuchungen von menschlichen Aktionen als nicht-sprachliche Handlungen einerseits, Sprechakte andererseits trifft Habermas an anderen Stellen (vgl. z.B. TKH 384) auch eine Unterscheidung zwischen *instrumentellen* und *strategischen Handlungen*. Von welchen sprachlichen Verlautbarungen instrumentelle Handlungen auch immer begleitet sein mögen oder nicht, sie entsprechen der Beschreibung „eines zielgerichteten und kausal wirksamen Eingriffs in die objektive Welt" (NMD 65). *Arbeit* kann als ihre Kernstruktur angesehen werden, *Zweckrationalität* stellt das ihnen immanente normatives Prinzip dar. Davon wird das *strategische Handeln* unterschieden. Es fällt in die Sphäre der ebenfalls *zweckrational orientierten Interaktionen* zwischen Menschen.[83] Es kann das ganze Spektrum zwischen „nackter", „stummer" Gewalt über die legitime Einflussnahme oder die Inanspruchnahme von Dienstleistungen in beidseitigem Einverständnis bis hin zur subtilsten sprachlichen Manipulation umfassen. Sprechakttheoretisch liefert der Befehl ein Beispiel für das, was Habermas „verhaltensinduzierende Einflussnahme" nennt (NMD 69). Diese wird selbstverständlich von der Zweck-Mittel-Rationalität gesteuert, weil der Andere mit seinen Reaktionsmöglichkeiten wie ein Mittel oder eine Bedingung für die eigenen Zwecke betrachtet und behandelt wird. Instrumentelle und strategisches Handeln hängt also unmittelbar mit dem Vernunftprinzip der Zweckrationalität zusammen. Kommunikatives Handeln ist demgegenüber auf einen „verständigungsorientierten Sprachgebrauch", d.h.: auf „Verständigungsrationalität" und das bedeutet: auf das Prinzip der kommunikativen Vernunft angewiesen (NMD 70). „Die beteiligten Aktoren versuchen, ihre Pläne im Horizont einer geteilten Lebenswelt und auf der Grundlage gemeinsamer Situationsdeutungen *kooperativ* aufeinander abzustimmen" (ebd.). Das Wort „kooperativ" weist darauf hin, dass die Akteure ihre Gegenüber nicht instrumentalisieren, geschweige denn mit der Kausalität der Gewalt nötigen wollen. Insoweit sie sich über etwas, sowohl über Einschätzungen als auch Vorgehensweisen, verständigen wollen, erheben sie „kritisierbare Geltungsansprüche", die auf Konsens, auf „intersubjektive Anerkennung" ausgerichtet sind (ebd.). Es besteht also ein grundsätzlicher Unterschied zwischen Kausalität bei der Interaktion

---

82 G. H. Mead: Geist, Identität und Gesellschaft, Frankfurt/M 1968, S. 331.
83 Vgl. J. Habermas: Arbeit und Interaktion. Bemerkungen zu Hegels Jenenser >Philosophie des Geistes<, in ders.: Technik und Wissenschaft als >Ideologie<, Frankfurt/M 1968, S. 9 ff.

4 Vernunft

in der Form der zweckrational „verhaltensinduzierenden Einflussnahme" einerseits, der „überzeugungsmotivierenden Verständigung" andererseits (NMD 69). Dieser Grundgedanke lässt ganz klar die innere Verbindung all dieser Einteilungsvorschläge zu Kants Unterscheidung zwischen den hypothetischen Imperativen und dem kategorischen Imperativ erkennen. Er erinnert zudem an den von Kant nachhaltig beeinflussten Anerkennungsbegriff aus der Naturrechtslehre J. G. Fichtes: „Es ist hiermit das Kriterium der Wechselwirkung vernünftiger Wesen als solcher, aufgestellt. Sie wirken notwendig unter der Voraussetzung aufeinander ein, *dass der Gegenstand der Einwirkung einen Sinn habe*; nicht wie auf bloße Sachen, um einander durch physische Kraft für ihre Zwecke zu modifizieren."[84] Ob „Anerkennung als Zweck an sich selbst" (Kant), ob „Anerkennung nach den Prinzipien der Wissenschaftslehre" (Fichte) oder „kommunikative Rationalität" bzw. „Verständigungsrationalität" bei Habermas, die ziemlich gleichsinnigen Überlegungen richten sich in der letzten Instanz allesamt gegen Verdinglichung, Instrumentalisierung und Repression anderer Subjekte. Das ist der Kern einer über die als Arbeit durchaus lebensnotwendige Zweckrationalität hinaus reichenden Vernunftvorstellung. Der berühmte „herrschaftsfreie Diskurs" verständigungsorientierter Menschen nach dem Modell von Habermas funktioniert dementsprechend nur unter den Rahmenbedingungen eines von den Teilnehmern an den Sprechhandlungen einverständig beachteten Nicht-Instrumentalisierungsgebotes. Dadurch wird zugleich der zentrale Gehalt der Idee kommunikativer Rationalität bei Jürgen Habermas festgelegt: „Dieser Begriff *kommunikativer Rationalität* führt Konnotationen mit sich, die letztlich zurückgehen auf die zentrale Erfahrung der zwanglos einigenden, konsensstiftenden Kraft argumentativer Rede, in der verschiedene Teilnehmer ihre zunächst nur subjektiven Auffassungen überwinden und sich dank der Gemeinsamkeit vernünftig motivierter Überzeugungen gleichzeitig der Einheit der objektiven Welt und der Intersubjektivität ihres Lebenszusammenhangs vergewissern" (TKH I/28). Letztendlich arbeitet er mit einer Grundunterscheidung zwischen der *Zweckrationalität*, die sich aus instrumenteller und strategischer Vernunft zusammensetzt einerseits und der *kommunikativen Rationalität* andererseits. Damit wird die Einheit der Vernunft in der Vielfalt ihrer Stimmen ziemlich genau wie bei Kant bestimmt. Der kategorische Imperativ, der Repression und wechselseitige Instrumentalisierung verbietet, ist den vielfältigen hypothetischen Imperativen der

---

84 J. G. Fichte: Grundlage des Naturrechts nach Prinzipien der Wissenschaftslehre, Hamburg 1979, S. 69. (Herv. i. Org.).

Geschicklichkeit (= zweckrationale Beziehungen zu Natur und Gegenständen) und Imperativen der Klugheit (= zweckrationale Beziehungen zwischen den Menschen) *übergeordnet*, obwohl Zweckrationalität etwa in der Form von Arbeit und/oder von effizienten Umgangsformen mit Problemen eine Lebensnotwendigkeit darstellt.

Es gibt eine Fülle anderer Einteilungsvorschläge, die dieser grundlegenden Zusammenhangsbestimmung der Rationalitäten ähnlich sind. Überlegungen zur Sprechakttheorie, also zum Verhältnis von Sprechen und Handeln, nehmen in der „Theorie des kommunikativen Handelns" bei Habermas' einen breiten Raum ein. In diesem Zusammenhang fasst auch er Elemente seines Handlungsbegriffs z.B. in der Kreuztabelle Nr. 14 (TKH I/384) etwas anders zusammen. Dort unterscheidet er zunächst *Handlungsorientierungen* von *Handlungssituationen*. Handlungen können erfolgsorientiert sein und in einer nicht-sozialen Situation stattfinden. Das Nicht-Ich, mit dem der Akteur es dabei zu tun bekommt, steht ihm in diesem Falle nicht als ein anderes Ich entgegen. Materielle Gegenstände oder Naturstoffe liefern das einschlägige Exempel. Handlungen, die erfolgsorientiert sind und in „nicht-sozialen Situationen" stattfinden, decken sich natürlich mit dem Typus der *instrumentellen Handlungen*. Die Kategorie „Erfolg" offenbart erneut die Norm, die hier sowohl für die Akteure selbst als auch für Beobachter ihrer Aktionen die Orientierung anleitet: die Norm der *Zweckrationalität* bzw. *Effizienz*. Erfolgsorientierte Aktionen in *sozialen* Situationen hingegen, also bei der Begegnung mit dem Nicht-Ich als alter Ego, können zum Typus des *strategischen Handelns* gehören. Die Akteure behandeln sich im Grenzfall rein strategisch, wägen also klug ab, wie der Andere wohl reagieren wird, wenn man die eigenen Interessen so zu realisieren versucht und sonst nichts anderes. Passt einem die Reaktion der Gegenüber oder nicht? Die Handlungsmöglichkeiten und Reaktionen der anderen Akteure werden dabei als Mittel und Bedingungen für die Realisierung der eigenen Absichten austariert. Den Extremfall, die *ultima irratio* strategischer Beziehungen stellt die Anwendung nackter Gewalt dar. Da verständigungsorientierte Handlungen nur im Verlauf von Interaktionen mit anderen Akteuren vollzogen werden können, gibt es selbstverständlich keine Verständigungsorientierung in nicht-sozialen Situationen. Verständigungsorientiert und sozial zugleich ist allein das *kommunikative Handeln*. Dieses liegt für Habermas dann vor, wenn die Strategien der Subjekte nicht auf den Pfaden selbstinteressierter Abwägung von Erfolg und Misserfolg, Nutzen und Kosten, Effizienz und Ineffizienz, sondern eben durch Verständigungsversuche aufeinander abgestimmt werden. „Im kommunikativen

Handeln sind die Beteiligten nicht primär am eigenen Erfolg orientiert; sie verfolgen ihre individuellen Ziele unter der Bedingung, dass sie ihre Handlungspläne auf der Grundlage gemeinsamer Situationsdefinitionen aufeinander abstimmen können. Insofern ist das Aushandeln von Situationsdefinitionen ein wesentlicher Bestandteil der für kommunikatives Handeln erforderlichen Interpretationsleistungen" (TKH I/385). Diese Aktionen sind mit dem Prinzip der *kommunikativen Vernunft* imprägniert. Bei der Betrachtung allgemeiner Institutionen, Organisationen, letztlich von Entwicklungslinien des gesellschaftlichen Ganzen (Systems) greift Habermas zudem auf seine berühmte These von der „Kolonialisierung der Lebenswelt" in der Moderne zurück. Vernunfttheoretisch kann man sie vielleicht auf dem kürzesten Weg in der folgenden Aussage zusammenfassen: Kollektive Probleme und/oder überindividuelle Mechanismen auf der Ebene des „sozialen Systems" weisen in der modernen Gesellschaft zunehmend die Tendenz auf, das in der alltäglichen Lebenswelt unverzichtbare verständigungsorientierte Handeln, also lebensnotwendige Erscheinungsformen von kommunikativer Vernunft, zu untergraben, wenn nicht zu zerstören.

Die Rationalitäten Adornos.

Gegen Theodor W. Adorno ist verschiedentlich der Vorwurf erhoben worden, er habe die Maßstäbe der Kritik, deren sich seine kritische Theorie der Gesellschaft bedient, damit seine Vernunftvorstellungen, nie so richtig erläutern und begründen können.[85] Auch wenn sich ihre Umrisse nicht zuletzt in seiner Vorlesung „Zur Lehre von der Geschichte und von der Freiheit" deutlich genug abzeichnen, müssen sie sicherlich konstruktiv aufgenommen und in der Form von strittigen Behauptungen über in seinen Texten auffindbaren Sinnmöglichkeiten wiedergegeben werden. Das sei hier nochmals kurz versucht.[86] Ich stütze mich auf die Deutungshypothese, Adornos Vernunftvorstellungen ließen sich drei Hauptdimensionen entnehmen, die durch eine explizit *dialektische* Metarelation zur Einheit „der Vernunft" überhaupt vermittelt werden:
(a) *Selbsterhaltung.*
(b) *Anerkennung.*
(c) *Ästhetische Rationalität.*

---

85 Habermas merkt beispielsweise an, nach seinem Eindruck drohten bei Horkheimer und Adorno „die Konturen des Vernunftbegriffes zu verschwimmen" (TKH I/489).
86 Vgl. J. Ritsert: Moderne Dialektik und die Dialektik der Moderne, a.a.O.; S. 212 ff.

Ad a: Selbsterhaltung.

Hinweise auf das *principium sese conservare* als Treibstoff individuellen Handelns durchziehen die Geschichte der abendländischen Sozialphilosophie – und nicht nur dieser.[87] „Mit allen Lebewesen, die im Besitz eines Empfindungsvermögens sind, hat der Mensch gemeinsam, dass er nichts so sehr liebt wie sich selbst und dass er mit allen Mitteln sich zu erhalten bemüht ist."[88] Selbsterhaltung ist allerdings weder mit Selbstsucht, noch mit reiner Selbstbehauptung im Lebenskampf schlechthin gleichzusetzen. Horkheimer und Adorno rechnen das Prinzip des *sese conservare* zur materiellen Basis der Gesellschaft. Diese wiederum kann man m.E. mit den im Lauf der Geschichte ganz verschiedenartig ausgeprägten Formen des Reproduktionsprozesses einer Gesellschaft gleichsetzen. Er umfasst von seinen einfachsten bis hin zu seinen komplexesten Erscheinungsformen all jene Zwecktätigkeiten, welche dem Lebensunterhalt des Einzelnen dienen. *Arbeit* als individuelle Veranstaltung zur Befriedigung von Bedürfnissen (der historisch verschiedensten Art) einerseits, als friktionsreicher Zusammenhang der Einzelarbeiten in Form der gesellschaftlichen *Produktion* andererseits, stellt bis auf den heutigen Tag den Dreh- und Angelpunkt der Strategien der Selbsterhaltung beim weitaus größten Teil der Menschheit dar. Selbst der Müßiggang bedeutet bei Zeitgenossen, die ihn sich leisten können, oftmals eine anstrengende Beschäftigung. Kant bezeichnet jede „Bewirkung des Zweckes" als *Praxis*. In das Prinzip der Selbsterhaltung und damit in die materielle Praxis als System der lebenserhaltenden Zwecktätigkeiten von Menschen ist und bleibt die grundlegende Norm der *Zweckrationalität* fest eingelassen.[89] Aber nicht alle menschliche Zwecktätigkeiten sind gleich Arbeit und Produktion! Gleichzeitig scheint Adorno – wie ihm ebenfalls vorgehalten wird, weil er z.B. in Abgrenzung von Hegel das Ganze als „das Unwahre" bezeichnet und behauptet hat, es könne kein richtiges Leben im falschen geben – die Gesellschaft, worin sich das alles abspielt, (insbesondere des Tauschprinzips wegen) als eine verdinglichte Zwangsanstalt zu begreifen. So scheint es nur! Gewiss klingen gar manche Aussagen z.B. über die „verwaltete" Welt bei ihm so ähnlich wie bei Max Weber die Einschätzung der Bürokratie als „stahlhartes Gehäuse der

---

87 Vgl. J. Ritsert: Sozialphilosophie und Gesellschaftstheorie, Münster 2004, S. 31.
88 S. Pufendorf: Über die Pflicht des Menschen nach dem Gesetz der Natur, Frankfurt/M und Leipzig 1994, Kapitel 3, §2. Vgl. auch M. Horkheimer: Vernunft und Selbsterhaltung, Frankfurt/M 1970.
89 Selbst wenn man die darwinistische Entwicklungslehre völlig mechanistisch interpretiert, impliziert sie immer noch eine Norm, nämlich eben die der Selbsterhaltung!

Hörigkeit". Aber, dass ihm die Notwendigkeit des Rückgriffes auf gegenteilige und positivere Bestimmungen geläufig war, dürfte bei einem Dialektiker seines Formats eigentlich nur geringe Verwunderung erregen: „Gesellschaft (ist) nicht bloß die Negativität ..., sondern noch in ihrer fragwürdigsten Gestalt der Inbegriff des sich produzierenden und reproduzierenden Lebens der Menschen" (ÄT 335). Wie anders sollten Horkheimer und Adorno sonst auch die „stereotype Formel der Nichtigkeit" durch eine „unterschiedslose Bestreitung jedes Positiven", also die reine Skepsis vermeiden können? (DdA 36). Gesellschaftliche Negativitäten stehen bei ihnen angesichts von Faschismus, Weltkrieg und Vernichtungslagern zweifellos im Mittelpunkt ihrer Aufmerksamkeit, gleichwohl muss sich das Leben noch in seiner „fragwürdigsten" gesellschaftlichen Gestalt immer auch ein Stück weit erhalten, reproduzieren können. Obwohl Horkheimer in seiner „Kritik der instrumentellen Vernunft" die Begriffe „subjektive Vernunft" und „Zweckrationalität" meistens nicht nur gleich setzt, sondern auch mit einem negativen Akzent versieht, schlage ich vor, den Begriff „subjektive Vernunft" als Ausdruck für Zweckrationalität im Allgemeinen zu verwenden, „instrumentelle Vernunft" (anders als bei Habermas) hingegen *verkehrten* Formen der Zweckrationalität vorzubehalten. Die „Verkehrung" besteht (a) darin, dass die Frage nach der Rationalität der Zwecke selbst gar nicht gestellt wird oder als unbeantwortbar behandelt wird. „Sie (die subjektive Vernunft – J.R.) hat es wesentlich mit Mitteln und Zwecken zu tun, mit der Angemessenheit von Verfahrensweisen an Ziele, die mehr oder minder hingenommen werden" (KIV 15). (b) Gegen formal-analytisches Denken ist angesichts seiner Präzision wahrlich nichts einzuwenden. Aber es gibt die Reduktion von Vernünftigkeit auf den Formalismus. Auch in diesem Falle offenbart sich Negativität in der überbetonten „Fähigkeit der Klassifikation, des Schließens und der Deduktion, ganz gleich, worin der besondere Inhalt besteht – das abstrakte Funktionieren des Denkmechanismus" (ebd.). Das Verharren bei unfruchtbaren Dichotomien kann ein Symptom rigiden Verstandesdenkens sein. (c) Man könnte auch von einem Ideal der *unbedingten Effizienz* sprechen, das der Rhetorik nach das Lebenselixier der Wachstumsgesellschaft der Moderne darstellt. Dann können Bundeskanzlerinnen im Radio von einer „marktgerechten Demokratie" sprechen! Das Problem ist nicht nur, dass es äußerst effiziente Techniken der Repression gegeben hat und gibt, sondern dass die Marktgerechtigkeit auch die Ungerechtigkeit z.B. in Form der Privilegierung eines Bankenunwesens bei „Rettungsaktionen" für „den Bankensektor" im Gefolge haben kann. Die vorgeschlagene Einteilung des Begriffs der „subjektiven Vernunft" sieht also so aus:

Subjektive Vernunft

Zweckrationalität (+)   < -g- >   *instrumentelle Vernunft* (−).
(technisch oder strategisch)   (technisch oder strategisch).[90]

Die Negativität technischer Handlungen als „instrumentelle Vernunft" in Horkheimers Sinn offenbart sich z.B. in Formen der Naturzerstörung durch Technik, die Negativität des strategischen Handelns kommt in Erscheinungsformen der Gewalt, Repression, Manipulation, Lug und Trug zum Vorschein.

Wenn Utilitaristen Vernunftkritik üben, dann bewerten sie die relevanten Sachverhalte je nach dem Grad ihrer Abweichung von der Idee der unbedingten Effizienz. Vertreter der deontischen Ethik im Allgemeinen, der Kantischen im Besonderen können durchaus ebenfalls Kritik an „Irrationalität" wegen mangelnder Effizienz üben. Doch bei ihnen wird zugleich das Autonomieprinzip dem Nutzenprinzip übergeordnet![91] Dementsprechend erhebt Adorno den Anspruch, auf Formbestimmungen der Vernunft zurückgreifen zu können, welche über die „pragmatistisch enge() Rationalität", also über die erklärte Letztinstanzlichkeit von Zweckrationalität in ihrer Version als Nutzenprinzip hinausweisen (ÄT 71). Daher sucht er explizit nach Vernunftbestimmungen, „jenseits der Irrationalität ihrer (der Gesellschaft – J.R.) faux frais und jenseits der Zweck-Mittel-Rationalität des Nutzens" (ÄT 338). „Jenseits" kann man hier getrost als „höher als" buchstabieren.

Ad b: Anerkennung.

Der freie Wille des Individuums sowie das Verhältnis freier Willensäußerungen der Subjekte zueinander bilden das Schlüsselthema der praktischen Philosophie Kants. Das gilt für seine Nachfolger wie vor allem Fichte und Hegel ganz genau so. Fichte extrapoliert die an die Lehre vom freien Willen gebundene Kategorie der *Anerkennung* aus der Selbstzweckformel des kategorischen Imperativs und reicht sie an Hegel weiter.

---

90   < - g - > bedeutet *Gegensatz* auch im Sinne sich ausschließender Gegebenheiten und/oder Normen.
91   Dementsprechend ordnet Horkheimer die „objektive Vernunft" der „subjektiven" über, wobei sein Begriff der „objektiven Vernunft" in der Tat analytisch nicht sehr klar ist.

4 Vernunft

Bei Adorno gibt es keine ausdrückliche Verwendung des Begriffs der *Anerkennung*. Beschäftigt man sich jedoch vor allem mit seinem Begriff der „Freiheit" aus seiner Vorlesung „Zur Lehre von der Geschichte und von der Freiheit" aus den Jahren 1964/65, dann werden die unterschwelligen Verbindungslinien seiner Argumente zu diesem Konzept sehr deutlich. Auch bei ihm hängen die zeit- und gesellschaftskritischen Urteile letztendlich von der Idee einer wechselseitigen Achtung des *freien* Willens der menschlichen Subjekte sowie von der Existenz oder Nichtexistenz gesellschaftlicher Bedingungen für freie Willensäußerungen der Einzelnen ab. Anerkennungsethik ist und bleibt Autonomieethik. Adorno stellt den zeitgenössischen Verhältnissen im Spätkapitalismus zwar die Diagnose, sie seien „zerstörend: Identitätsverlust um der abstrakten Identität, der nackten Selbsterhaltung willen" (ND 275). Die Individuen werden nach dieser Darstellung auf die Unmittelbarkeiten des *principium sese conservare* im gnadenlosen Lebenskampf auf den verschiedenen „Märkten" zurückgeworfen. Er erweckt auf diese Weise in vielen seinen Schriften den Eindruck, die einzelnen Menschen würden im Spätkapitalismus so weitgehend entsubjektiviert, dass sie bar aller Möglichkeiten zur freien Willensäußerung nur noch als Marionetten der gesellschaftlichen Zwangsverhältnisse zu agieren vermöchten. Sie werden diesem düsteren Bild zufolge „zu bloßen Ausführungsorganen des Allgemeinen relegiert" (ND 336). Demnach würde die blanke Irrationalität herrschen. Doch wie immer wäre es bei der Auseinandersetzung mit diesem Dialektiker eine eindimensionale Betrachtungsweise, entzifferte man dies alles als Ausdruck seiner kulturpessimistischen Einseitigkeit. Er weiß natürlich um das Vernunftprinzip der Autonomie als normative Basis seiner eigenen gesellschaftskritischen Urteile. Denn wird „Willensfreiheit schlechterdings geleugnet, so werden die Menschen ohne Vorbehalt auf die Normalform des Warencharakters ihrer Arbeit im entfalteten Kapitalismus gebracht" (ND 261). Dass „Autonomie" nicht unabhängig von Einstellungen bedeutsamer Anderer, sowie von entgegenkommenden Interaktionen, Organisationen, letztlich nicht unabhängig von fördernden Strukturen und Prozessen der Gesamtgesellschaft entstehen und sich entwickeln kann, bedeutet für ihn gleichermaßen eine Selbstverständlichkeit. Deswegen stellt er die Frage nach der *Vernunft* oder *Unvernunft* des gesellschaftlichen Ganzen ausdrücklich in der Form, „ob die Gesellschaft dem Individuum so frei zu sein gestattet, wie sie es ihm verspricht; damit auch, ob sie selbst es ist" (ND 218). Von daher gelten sämtliche autonomiebedrohenden oder autonomiezerstörenden Institutionen, Organisationen, soziale Mechanismen,

Strukturen und Prozesse der Totalität als „unvernünftig". Das Autonomieprinzip begründet mithin die Positivität oder die Negativität der kritischen Urteile. Daran bemisst sich zudem die *Verkehrung* von Zweckrationalität zur instrumentellen Vernunft.

Autonomieprinzip

Autonomieprinzip (+)   < -g- >   *Instrumentelle Vernunft* (–).

Ad c: Ästhetische Rationalität.

„Kunst ist Rationalität, welche diese kritisiert, ohne ihr sich zu entziehen ..." (ÄT 87). Nach meiner Auffassung gibt es bei Adorno noch einen dritten charakteristischen Vernunfttypus neben Zweckrationalität und Anerkennung: die *ästhetische Rationalität.* Deren Idee hängt eng mit einem Schlüsselkonzept seiner „Ästhetischen Theorie" zusammen: mit dem der *Mimesis* oder – wie er auch sagt – mit dem *mimetischen Vermögen*.[92] Es wäre äußerst irreführend, „Mimesis" einfach mit blanken Nachahmungen von der Art gleichzusetzen, wie sie aus der Natur als „Mimikry", als Anpassung an äußere Gegebenheiten zu Zwecken der Tarnung bekannt sind. Mimesis als Einfühlungsvermögen bringt auf ihre Weise Verborgenes zum Vorschein oder soll – durch Medien wie den Tanz oder andere non-verbale Gesten – etwas Verborgenes ausdrücken. Walter Benjamin bestimmt die Mimesis zudem als ein nicht-begriffliches Vermögen des Menschen, „Ähnlichkeiten hervorzubringen" und/oder bildhafte Analogien wie in der Pantomime für Einsicht und Ausdruck zu benutzen.[93] Bei Adorno erfährt der Mimesisbegriff einige charakteristische Veränderungen und Ergänzungen; vor allem durch die *gegensätzlichen Wertigkeiten* (+/–), die er dem mimetischen Vermögen zuschreibt. *Die Negativität der Mimesis* offenbart sich in Akten der Anpassung durch Selbstaufgabe, durch die Aufgabe des Selbst. Ein Beispiel dafür liefert die schon früh in der Menschheitsgeschichte versuchte Kompensation der Ohnmacht der Einzelnen gegenüber Kräften der Natur auf den Wegen ihrer Nachahmung mit den Mitteln der rituellen Angleichung an äußere Gewalten. Dem entspricht heute beispielsweise die blanke Anpassung an die Macht des Schicksals, die den Einzelnen in Gestalt selbst erzeugter „Sachzwänge" der Wirtschaft oder anderer Erscheinungsformen verdinglichter Lebensumstände gegenübertritt. „Und das ist etwas,

---

92   Vgl. dazu etwas ausführlicher J. Ritsert: Moderne Dialektik ..., a.a.O.; S. 221 ff.
93   Benjamin spricht auch vom „gefühlten Wissen."

was für die Dialektik höchst charakteristisch ist, die ja gerade zum Lebensnerv überhaupt hat, Verdinglichtes, Verhärtetes, Verfestigtes aufzulösen ..."[94] *Die Positivität der Mimesis* offenbart sich hingegen in Einstellungen und Handlungen, bei denen sich das Individuum gerade *nicht* auf den Wegen der Selbstaufgabe an äußere Zwänge anpasst, sondern – seiner selbst bewusst – für den Eigensinn von Andersseiendem offenhält, sich ihm nicht angleicht, sondern empathisch „anschmiegt" (Adorno).

Mimesis

Einfühlungsvermögen (+)   < -g- >   *Selbstaufgabe* (–)

In der „Ästhetischen Theorie" Adornos wird die Ratio in mancherlei Hinsichten als Gegenpol zur Mimesis behandelt. Das ist aber nur die eine Seite ihres Verhältnisses (*Ausschluss* g). Die andere Seite zielt auf den *Einschluss* (materiale Implikation []) der ihrerseits doppelwertigen (+/–) Ratio in die Mimesis und der doppelwertigen Mimesis (+/–) in die Ratio. Denn die beiden Pole weisen ja *in sich selbst* jene oben beschriebene gegensätzliche Wertigkeit von Positivität und Negativität auf. Die Möglichkeit und Wirklichkeit der inneren Irrationalität rationalen Denkens und Handelns versuchen Horkheimer und Adorno bekanntlich in ihrer „Dialektik der Aufklärung" (1947) herauszuarbeiten. Insgesamt lässt sich von daher vielleicht die folgende syntaktische Struktur des Verhältnisses von Mimesis und Ratio als *ein* Beispiel für die dialektische Argumentführung Adornos heranziehen:

Zur Elementarstruktur der Vermittlung *von Mimesis und* Ratio

Mi+/–[R +/–] < -g- > **R**+/–[Mi+/–].[95]

Den Gegensatz <-g-> beschreibt Adorno z.B. so: Das moderne Bewusstsein spalte sich oftmals „in das Mimetische oder in die Ausdruckstätigkeit auf der einen Seite, wie sie im allgemeinen nach der offiziellen Theorie der Kunst zugewogen wird, und in das philosophisch Begriffliche auf der anderen Seite" (PT II; 81). Zur *Negativität* der Mimesis gehört neben der unreflektierten Angleichung die von vielen Rationalisten und Empiristen vertretene Ansicht, die „Ergebnisse" des Einfühlungsvermögens seien der Ausdruck einer

---

94 Th. W. Adorno: Einführung in die Dialektik, Frankfurt/M 2010, S. 77.
95 + = „Positivität", – = „Negativität". [ ] bedeutet den materialen Einschluss, <-g-> den Gegensatz, Ausschluss.

unüberprüfbaren, letztendlich irrationalen Kompetenz. Und es gibt in der Tat viele wissenschaftsgläubige Leute, für die „Gefühl" den klarsten Gegenbegriff zu Vernunft darstellt – so als gäbe es keine rationalen Gefühle.

Eine ganze Reihe der Aussagen Adornos in seiner „Ästhetischen Theorie", die er zum Verhältnis zwischen ästhetischer Rationalität, Zweckrationalität und instrumenteller Vernunft macht, haben ihre Wurzeln in Kants „Kritik der Urteilskraft". Vor allem in Kants zentraler These, es gehe bei der Betrachtung des Schönen nicht um irgendwelche empirischen Eigenschaften der Dinge, die – wie bei der Nutzenperspektive auf der Grundlage unserer Neigungen – angenehme Empfindungen („Lust") im Angesicht der Schönheit von Natur und Artefakten in uns hervorrufen. Es handele sich vielmehr um das angenehme Gefühl, das entsteht, wenn wir erkennen, dass die Struktur („Form") irgendwelcher heterogenen Einzelheiten mit Prinzipien unserer strukturierenden Denkprozesse zusammenstimmen. Insoweit es bei allen Subjekten vergleichbare Operationsmuster ihrer Vernunft gibt, ist in dieser Hinsicht Intersubjektivität ästhetischer Urteile durchaus möglich. Anders ausgedrückt: Es wird eine „Zweckmäßigkeit" im Sinne der Angemessenheit der Struktur von Gegebenem an die strukturierenden Aktivitäten unseres Erkenntnisvermögens als angenehm erlebt. *Dabei handelt es sich ausdrücklich nicht um die Zweckdienlichkeit irgendwelcher Gegebenheiten gemessen an unseren individuellen Präferenzen!* Es handelt sich also ausdrücklich nicht um Zweckrationalität im üblichen Sinne der Erfolgsorientierung und Nutzensteigerung! „*Schönheit* ist die Form der *Zweckmäßigkeit* eines Gegenstandes, sofern sie *ohne Vorstellung eines Zwecks* an ihm wahrgenommen wird" (KdU 319). Von daher stammt das berühmte Oxymoron Kants von der *Zweckmäßigkeit ohne Zweck*".[96] Dieses weist eindeutig darauf hin, dass ästhetische Rationalitätsurteile für Kant von anderer Qualität sind als utilitaristische, bei denen es darum geht, ob etwas – die Präferenzen und empirischen Zielsetzungen eines Individuums vorausgesetzt – diesem nützt oder nicht! Dieser Kantische Grundgedanke gehört zum Kern des Adornoschen Verständnisses von ästhetischer Rationalität in ihrem Verhältnis zur Zweckrationalität. Denn auch die ästhetische Rationalität steht bei ihm im gleichen Verhältnis zur Zweckrationalität wie der kategorische Imperativ zu den hypothetischen Imperativen. D.h.: Sie weist einen höheren normativen Status auf als das technische und/oder strategische Handeln und steht natürlich im strikten Gegensatz zur instrumentellen Vernunft als Erscheinungsform

---

96 Ein „Oxymoron als Redefigur besteht aus der Verbindung zweier gegensätzlicher Begriffe. Z.B. „Altes Mädchen".

4 Vernunft

von „Negativität" der vom Selbsterhaltungsinteresse geleiteten Vernunft im Allgemeinen: „Die Geschichte der Moderne ist eine der Anstrengung zur Mündigkeit, als der organisierte und gesteigert sich tradierende Widerwille gegen das Kindische der Kunst, die kindisch freilich erst wird nach dem Maß der pragmatistisch engen Rationalität. Nicht weniger jedoch rebelliert Kunst gegen diese Art von Rationalität selbst, die über der Zweck-Mittel-Relation die Zwecke vergisst und Mittel zu Zwecken fetischisiert" (ÄT 71). Auch die Kunst trägt mithin auf ihre Weise zur Kritik der instrumentellen Vernunft bei! Eine der zentralen Thesen Adornos in der „Ästhetischen Theorie" lautet daher: Auch und gerade die Kunst rebelliert gegen die Verkehrung von Zweckrationalität zu einer instrumentellen Vernunft, der letztlich jedes Mittel recht ist und zum Selbstzweck wird. *Ästhetische Rationalität bedeutet genau so ein Medium der Utilitarismuskritik wie die politische Ethik der Anerkennung*! Deswegen schreiben ästhetische Rationalitätsurteile nach Adorno unseren Handlungen eine bestimmte *praktische* Orientierung vor, die sogar in einen strikten Gegensatz zur gleichwohl *lebensnotwendigen* Zweckrationalität überhaupt geraten kann. Das kann insoweit der Fall sein, wie ästhetische Rationalität eine sinnvolle Praxis anleitet, welche ausdrücklich *nicht* auf die Verwendung, Benutzung, geschweige denn auf die instrumentell-rationalistische Ausnutzung, wenn nicht Ausplünderung von Gegebenheiten zielt – Zweckmäßigkeit ohne Zweck! Eine derartige praktische Haltung kann man sowohl gegenüber der Natur als auch gegenüber anderen Personen einnehmen. Sie wird von Hegel sehr klar zusammengefasst: „Deshalb ist die Betrachtung des Schönen liberaler Art, ein Gewährenlassen der Gegenstände als in sich freier und unendlicher, kein Besitzenwollen und Benutzen derselben als nützlich zu endlichen Bedürfnissen und Absichten, so dass auch ein Objekt als Schönes weder von uns gedrängt und gezwungen erscheint, noch von den übrigen Außendingen bekämpft und überwunden" (WW 13; 58). Es handelt sich mithin um eine Haltung des *Freilassens*, statt des Benutzens und Ausnutzens. Folgerichtig wird Kunst in ihrer Funktion als rationale Form der Kritik von Rationalität in der „Ästhetischen Theorie" auch als „Kritik der naturbeherrschenden Ratio" analysiert (ÄT 209). Kunst, so heißt es beispielsweise, „ergreift Partei für die unterdrückte Natur; dem verdankt sie die Idee einer anderen Zweckmäßigkeit als der von Menschen gesetzten; …" Adorno erhebt die Kunst gar zum „geschichtliche(n) Sprecher unterdrückter Natur" (ÄT 365). All diese Ideen verdanken ihre Herkunft ganz offensichtlich der Kantischen Idee einer Zweckmäßigkeit ohne Zweck. Gleichwohl wird der Gegensatz, werden die immanenten Irrationalitäten der Kunst nicht außer Acht gelassen!

Selbst ästhetische Rationalität wird *immanent* von dem erfasst, dem sie sich nach Adorno zugleich strikt entgegensetzt. Ihre innere Verfassung, also auch ihr „Formgesetz", wird z.b. keineswegs vom abendländischen Zug zur Rationalisierung, also von der Ausbreitung der Normen der Zweckrationalität und/oder instrumentellen Vernunft in die allerverschiedensten Lebensbereiche hinein verschont.

Adorno hat sicher nicht die drei erwähnten Rationalitätstypen gezielt vor Augen gehabt und sie dann ausführlich herausgearbeitet. Er behandelt Hegelsche Argumentationsfiguren zudem nicht als formale Strukturen, die er aufgreifen und dann auf passende Sachverhalte mechanisch anwenden kann. Es ist wohl eher so, dass aus dem – wie er sagt – „Sichversenken" in die Eigenheiten der einzelnen „Sachen selbst" die allgemeinen inhaltlichen Bestimmungen auch seiner „Rationalitätstheorie" hermeneutisch herausgefiltert werden. Es sind gleichwohl seine intensiven Auseinandersetzungen mit der Philosophie Hegels, welche die dialektische Ordnung seines Diskurses, nicht zuletzt auch die impliziten Annahmen über die Metarelation bestimmen, welche sowohl die innere logische Strukturierung der einzelnen Typen der Rationalität als auch ihre „Einheit" im Dreiklang ihrer „Stimmen" festlegen. Diese inneren und äußeren Strukturierungen folgen dem, was Adorno gelegentlich sogar ausdrücklich als das „Prinzip der Dialektik" *erwähnt* und nicht nur *benutzt* (vgl. PT II; 141 f.). Eine charakteristische Notiz dazu beruft sich ausdrücklich auf die *Strenge* (Rationalität) eines sich nicht in die Beliebigkeit auflösenden dialektischen Denkens: „Ich versuche, Ihnen einen Begriff von Strenge zu geben, deren Substanz es ist, zu zeigen, dass jedes jener Momente (= z.B. Subjekt und Objekt oder Kunst und Gesellschaft – J.R.) in sich auf sein Gegenteil verweist" (PT II; 38). Diese Elementarbestimmung einer inneren Vermittlung der Gegensätze hat Adorno noch kürzer in einer Vorlesung zur „Einführung in die Dialektik" (1958) so zusammengefasst: „ … das Wesen des dialektischen Verfahren ist, dass die Antithesis aus der Thesis selber herausgenommen wird …" – und umgekehrt (ED 59). Es geht Adorno entscheidend um eine „Vermittlung ohne Mitte". D.h.: Es gibt keine Schnittmenge zwischen den Gegensätzen („Mitte"), sondern der eine Pol eines Gegensatzverhältnisses enthält Merkmale des jeweiligen Gegenpols als eigene wesentliche Merkmale in sich. Das wird von ihm auch so ausgedrückt: Die Analyse eines jeden Poles „in sich selbst", verweist auf ein ihm „Entgegengesetztes als ein Sinnesimplikat (PT II; 142). Schwarz impliziert – wie bei der berühmten Yin-Yang-Figur – einen Bestandteil seines Gegensatzes Weiß, Weiß impliziert einen Bestandteil seines Gegensatzes Schwarz. Eine vermittelnde Grauzone gibt es jedoch nicht!⁹⁷ Man könnte nun anhand eines jeden der drei heraus präparierten Rationalitätstypen zeigen, dass Adorno ihre inneren Bestandteile sowie ihre Wertigkeiten (+ und −) nach diesem Prinzip der – wie er auch sagt – „Vermittlung ohne Mitte" konfiguriert. Oben wurde als Beispiel dafür das Verhältnis von Mimesis und Ratio in der Kunst dieser Form entsprechend beschrieben (S. 90). Die Metastruktur, welche den Zusammenhang zwischen den drei Typen der Vernunft, ihre dialektische Einheit, stiftet, kann unter der Voraussetzung dieses Vermittlungsbegriffes so zusammengefasst werden:

(a) In der Norm der *Zweckrationalität* steckt das *basale* Prinzip der Selbsterhaltung. Ohne die Gewährleistungen materieller Bedingungen für Autonomie wäre eine von *Anerkennungsrationalität* und *ästhetischer Rationalität* angeleitete Praxis gar nicht möglich. Zweckrationalität als allgemeine „subjektive Vernunft" (Horkheimer) verkehrt sich gerade in den modernen Zeiten der technisch-wissenschaftlichen Zivilisation jedoch nur allzu leicht in „instrumentelle Vernunft".

(b) Gleichzeitig liefern die Prinzipien von Anerkennung und ästhetischer Rationalität die normativen Voraussetzungen dafür, den inneren Gegensatz zweckrationaler Aktionen, also ihre mögliche Verkehrungen in die *instrumentelle* Vernunft kritisieren zu können. In dieser Hinsicht können sie mithin in einen strikten *Gegensatz* zur utilitaristischen Basisnorm von Zweckrationalität, Nutzen, Effizienz geraten. Dieser Gegensatz kann wie im Falle der Utilitarismuskritik auf der Basis ästhetischer Rationalität durchaus *produktiv* sein. In diesen Hinsichten werden sie ihr von der deontischen Ethik übergeordnet.

(c) Auch zwischen *Anerkennung* und *ästhetischer Rationalität* bestehen klare innere Zusammenhänge. Ästhetische Rationalität gebietet in bestimmten Situationen eine Haltung des „Freilassens" gegenüber Dingen und Personen (s.o.), Anerkennung als Haltung verlangt den Respekt vor der Würde der anderen Subjekte. *Beide Rationalitätstypen* stehen also im strikten Gegensatz zu jeder Erscheinungsform von Repression. Doch gleichzeitig ist die innere Konfiguration ihrer Elemente nicht frei von aller Vermittlung mit dem, wozu sie im kritischen Gegensatz stehen. Diese Punkte will Adorno in seiner „Ästhetischen Theorie" immer wieder deutlich

---

97 Gerade in dieser Hinsicht beruft sich Adorno *ausdrücklich* auf Hegel: „ ... Vermittlung heißt daher bei Hegel niemals wie das verhängnisvollste Missverständnis seit Kierkegaard es sich ausmalt, ein Mittleres zwischen den Extremen, sondern die Vermittlung ereignet sich durch die Extreme hindurch in ihnen selber." Th. W. Adorno: Drei Studien zu Hegel, Frankfurt/M 1963, S. 20.

machen. Nach seiner Auffassung stehen daher noch die „aggressivsten" Kunstwerke einerseits für Gewaltlosigkeit ein (ÄT 359). Kunstwerke, welche das „expressiv mimetische Moment und das konstruktive (= technisch rationale – J.R.) ... in gleicher Intensität" ausbilden, überbieten Leiden im Horizont „ungeschmälerter und darum nicht länger gewalttätiger Rationalität." (ÄT 381). Bei der Kunst als maßgebender Trägerin der ästhetischen Rationalität erweist sich jedoch ihre gleichzeitig vorhandene *innere* Gegensätzlichkeit an Spannungen gegenüber der Mimesis, sowie daran, dass sich die autonome Kunst andererseits auch *immanent* keineswegs den gesellschaftlichen *Negativitäten* entziehen kann, welchen sie zugleich entgegensetzt. Das gilt sogar für die Beziehungen zu ihrem strikten Gegenpol: für ihr Verhältnis zu Macht und Repression als allgemeinsten Erscheinungsformen gesellschaftlicher Negativität: „Die Opposition der Kunstwerke gegen die Herrschaft ist Mimesis an diese. Sie müssen dem herrschaftlichen Verhalten sich angleichen, um etwas von der Welt der Herrschaft qualitativ Verschiedenes zu produzieren" (ÄT 430). Die positiven Momente der *Kunst* sind also *immanent* allemal mit jenen negativen Bestimmungen der *gesellschaftlichen Totalität* vermittelt, welchen sie sich gleichzeitig strikt entgegensetzt. Wie kunstvoll – umgekehrt – gesellschaftliche Negativitäten gleichwohl sein können, lässt sich z.B. an manchen auf das Unbewusste der Käufer zielenden, aber ästhetisch gelungenen Werbegraphiken ablesen. Es gibt so gesehen für Adorno daher keine „Kunst, die nicht als Moment in sich enthält (!), wovon sie sich abstößt" (ÄT 24). Die innere Gegensätzlichkeit des Anerkennungskonzepts besteht hingegen darin, dass „Anerkennung" – folgt man Hegels Parabel von Herr und Knecht – sich in der Spannbreite zwischen dem Extrem des „Kampfes auf Leben und Tod" (Gewalt) über die „asymmetrische" (ungleiche) Anerkennung in Systemen der sozialen Ungleichheit („Herr und Knecht") bis hin zum anderen Extrem, zur Idee der Rationalität als reiner Anerkennung bewegen kann.

Die allgemeine Verhältnisbestimmung der drei Vernunfttypen orientiert sich bei Adorno ganz offenkundig an einem an Hegels Logik abgelesenen Konzept der „Vermittlung der Gegensätze in sich". Diese Konfiguration der Begriffe und Thesen macht natürlich nur für diejenigen Sinn, welche die lange Tradition dialektischer Philosophien nicht souverän als einen irrationalen Denkstil abbuchen. Zu der höchst erstaunlichen und erstaunlich weit verbreiteten Leistung, sein Werk ohne Rücksicht auf sein Verständnis von Dialektik zu interpretieren, hätte Adorno mit Sicherheit eine Anmerkung bereit gehalten, die er einmal in einem Seminar gemacht hat: „Was ein starker Denker nicht so alles fertig bringt!"

Homo Rationalis – Vernunft als unbedingte Effizienz.

> „Die Annahme ‚rationalen Verhaltens' spielt eine herausragende Rolle in der modernen Wirtschaftslehre. Man nimmt von den menschlichen Wesen an, sie verhielten sich rational ... Die kühlen rationalen Typen mögen unsere Lehrbücher füllen, die Wirklichkeit ist jedoch reichhaltiger."[98]

Es ist schlechthin falsch, zu behaupten, sämtliche Probleme, vor denen wir stehen, ließen sich *lösen* (HR 11). Selbst bei elegant gelösten Problemen muss man mit ungeplanten Nebenfolgen (Folgeproblemen) rationaler, planvoller Handlungen rechnen. Regelmäßig auftauchende Probleme, bei denen ein Verfahren (Algorithmus) zur Verfügung steht, das (der) – wie im Falle des 1x1 – bei kompetenter Anwendung die Lösung *garantiert*, stellen *Aufgaben* dar.[99] *Probleme* weisen hingegen die anstößige, das kann durchaus auch heißen: Anstöße für Denken und Handeln gebende Eigenschaft auf, dass es keine klar definierten Wege und Schritte gibt, die das Problem – bei korrektem Gebrauch der verfügbaren Methoden – mit Sicherheit zum Verschwinden brächten oder wenigstens bei seinem Wiederauftauchen zu einer erneut gesicherten Lösung führen würden. Es stellt sich die Frage, für welches Vorgehen wir uns im Angesicht von Aufgaben oder Problemen entscheiden und mit welchem Grad der Aussicht auf Erfolg wir jeweils rechnen (können)? Wann ist unser Vorgehen in derartigen Situationen „rational", wann kann es als „irrational" gescholten werden? Die Theorie rationaler Wahlhandlungen (rational choice theory) – auch als Spiel- und Entscheidungstheorie im Umlauf (games theory; decision theory)[100] – versucht mathematisch präzise Antworten auf diese Fragen zu geben, Antworten, die insbesondere die neo-klassische Wirtschaftslehre geprägt haben. Es gibt Ausnahmen, aber für die meisten spiel- und entscheidungstheoretischen Ansätze ist weiterhin ein Aktormodell charakteristisch, das ich die *utilitaristische Kernvorstellung* nennen möchte. Es steckt die allgemeinsten Umrisse eines Menschenbildes ab, das den

---

98 A. Sen: On Ethics and Economics, London 1987, S. 10 f.
99 Vgl. dazu J. Ritsert: Theorie praktischer Probleme, Wiesbaden 2012, Kapitel 2.
100 „Spieltheorie" deswegen, weil Spiele wie Schach, die Zug um Zug in Richtung auf „Gewinnen" im Sinne der Erreichung eines Zielzustandes anstatt des Konkurrenten das große Vorbild lieferten.

zweckrational orientierten Homo Rationalis (bei den Wirtschaftswissenschaftler spukt er als *homo oeconomicus*) als Agenten der modernen Marktgesellschaften in einer kontrafaktisch zugespitzten Form beschreibt. Oftmals klingt es allerdings so, als solle diese Figur tatsächlich die vorfindliche *condition humaine* des Menschen überhaupt repräsentieren. Der utilitaristischen Kernvorstellung wird in den meisten Lehrbüchern zur Spiel- und Entscheidungstheorie natürlich die volle Tauglichkeit bescheinigt. Sie wird jedoch in der einen oder anderen Version nicht nur ausdrücklich als fundamental erwähnt, sondern manchmal ebenso ausdrücklich als anthropologische Konstante behandelt. Um nur zwei Beispiele der Zusammenfassung dieser Kernvorstellung durch zwei Entscheidungstheoretiker auszuwählen, die zugleich Kritik daran üben:

> H. Simon: „Die Theorie geht davon aus, dass jemand, der vor einer Entscheidung steht, mit umfassenden Überblick alles, was vor ihm liegt, bedenkt. Er hat die ganze Skala der verschiedenen Möglichkeiten, die ihm offenstehen vor Augen, nicht nur für diesen Moment, sondern für alle Zukunft. Er ist sich im Klaren über die Folgen jeder dieser möglichen Entscheidungsstrategien, zumindest soweit, dass er den zukünftigen Zuständen der Welt eine gemeinsame Wahrscheinlichkeitsverteilung zuweisen kann. Er hat alle seine widersprüchlichen Teilwerte miteinander in Einklang gebracht und ausbalanciert und sie zu einer einzigen Nutzenfunktion verschmolzen, die alle diese zukünftigen Zustände der Welt nach seiner Präferenz ordnet" (HR 23).

> A. Sen: „Der utilitaristische Grundsatz beispielsweise beruht letztlich nur auf dem Nutzen, und selbst wenn über die Frage der Anreize instrumentelle Erwägungen ins Spiel kommen, bleibt im Grunde die Nutzeninformation die einzige Grundlage für die Bewertung von Zuständen oder die Einschätzung von Handlungen oder Regeln. Im klassischen Utilitarismus, vor allem in der von Bentham vertretenen Version, wird Nutzen als Lust, Glück oder Zufriedenheit definiert und alles wird am Erreichen dieses psychischen Zustandes gemessen. (ÖfM 75 f.) … „Die utilitaristische Formel verlangt die Maximierung der Summe aller Nutzengrößen aller Menschen *zusammen genommen* …" (ER 13; Herv. i. Org.). „Was genau sind die Erfordernisse rationaler Wahl? Eine Antwort, die in der Ökonomie und darüber hinaus jüngst in Politik und Recht Popularität gewonnen hat, lautet, dass Menschen dann und nur dann rational wählen, wenn sie auf eine intelligente Weise ihr Selbstinteresse verfolgen und sonst nichts" (IJ 179).

Vernunft wird natürlich auch in der modernisierten utilitaristischen Tradition mit der Norm der Zweckrationalität gleichgesetzt. *Sie* bedeutet den höchsten Ausdruck vernünftiger menschlicher Lebensäußerungen. Mehr noch: „Rationale Wahl befasst sich mit der Auffindung der *besten* Mittel für vorausgesetzte Ziele" (NB 24; Herv. i. Org.). Mit dieser Aussage kommen zwei weitere prägende Merkmale der utilitaristischen Kernvorstellung zum Vorschein: Einmal die für die neo-klassischen Modelle charakteristische Maximierungsregel. Sie gebietet, der Akteur wolle (oder solle?) mit den vorhandenen Mitteln und verfügbaren Strategien das *Beste* unter den Rahmenbedingungen seiner Situation sowie unter Voraussetzung seiner Präferenzen für sich herauszuholen.

4 Vernunft

Stillschweigend vorausgesetzt wird damit allerdings ein sämtliche heterogenen Präferenzen übergreifendes Ziel: Eben jene unbedingte Effizienz. Zum Zweiten werden die konkreten Ziele und Zwecke und damit die seinen Nutzen definierenden Präferenzen des Akteurs in der Tat als *gegeben* vorausgesetzt. Normalerweise fällt die Sozialontologie dieser Art der Modellbildung methodisch-individualistisch aus. D.h.: „Der Begriff der rationalen Wahl wird für ein Individuum, nicht für ein Kollektiv von zwei oder mehr Individuen definiert" (NB 29). Es entsteht dann das spezifische Problem, wie z.b. kollektives Handeln, „emergente" Institutionen und Organisationen, soziale Prozesse und systemische Mechanismen auf der individualistischen Grundlage der utilitaristischen Kernvorstellung erklärt werden können. Den Startpunkt für Antworten auch darauf liefern in der Entscheidungstheorie individualistische Interaktionsmodelle. So versucht gerade die Spieltheorie auf diesem Hintergrund mathematische Modelle zu entwerfen, welche die „Auszahlungen" (Vorteile) und Kosten (Nachteile) exakt herausrechnen sollen, die zwei oder mehr an ihrem individuellen Interesse orientierte Spieler und Gegenspieler in einem System *strategischer* Beziehungen zwischen ihnen erreichen können bzw. aufwenden müssen. Gefragt wird auch, wann „lohnt" sich Kooperation für den Einzelnen. Klassische Beispiele für diese Elemente des spieltheoretischen Denkens liefern das „Nullsummenspiel" und das „Gefangenendilemma". Beim Nullsummenspiel stehen z.B. einige Leute in ihrer Theaterreihe auf, um besser sehen zu können. Da die anderen dadurch weniger mitbekommen, stehen auch sie auf und am Ende sieht keiner besser als zuvor. Die Ertragsbilanz ist gleich Null. Das ist nicht rational. Beim Gefangenendilemma sitzen Täter und Mittäter im Gefängnis. Beide wissen nicht, was der Andere im Verhör zum Tathergang sagen wird. Welche Entscheidung des Einzelnen ist „rational", wenn einer in der gegebenen Situation die möglichen Reaktionen des Anderen kalkuliert, über dessen tatsächliche Entscheidung jedoch keiner von beiden etwas weiß? (Entscheidung unter Unsicherheit). Wenn beide die Tat abstreiten, ist die in den Nutzenkalkül einbezogene „Auszahlung" (das Strafmaß) für A und B gleich 1. Gesteht A und B leugnet, dann bekommt A die Auszahlung 0 und B kassiert 10. Gesteht B und A leugnet, dann sind diese Werte genau umgekehrt. Gestehen beide, dann ist das Ergebnis gleich; beide erhalten 5 (Jahre Knast zum Beispiel). Wie gelangen sie unter dieser Voraussetzung und im Einklang mit der Maximierungsregel zu einer *optimalen* Entscheidung, also zur individuellen Nutzenmaximierung? Da beide nicht wissen, ob der andere im Verhör gesteht oder nicht, ist es am besten, sie gestehen *beide*. Denn dadurch wird das Risiko mit der 10 gemindert. Jon Elster ist der forcierten Meinung, das Gefangenendilemma sei in unserer Alltagswelt allgegenwärtig (NB 29). Es gibt auch Interaktionsgleichgewichte. Bei einem „Handlungsgleichgewicht" liegt eine gemeinsame Situation vor, bei der niemand einen Anlass hat, von seinem Kurs abzuweichen (NB 102). Das Gefangenendilemma weist eine besondere Art von Gleichgewicht auf. In diesem Falle existiert – beileibe nicht in allen Fällen! – eine sog. „dominante Strategie", ein eindeutiger Kurs des „vernünftigen", d.h.: des zweckrational-strategischen günstigsten Vorgehens. „Das Gleichgewicht im Gefangenendilemma unterscheidet sich von allen … Gleichgewichten dadurch, dass es sich aus Aktionen zusammensetzt, von denen jede die beste Reaktion auf *alles* darstellt, was die Anderen tun können …" (NB 105; Herv. i. Org.). Wie die utilitaristische Ethik im Allgemeinen, so sind auch die verschiedenen Theorien strategischen Handelns normalerweise „konsequentialistisch" angelegt. Dixit und Nalebuff erkennen darin eine charakteristische Schwäche der Spieltheorie. „Handlungen werden nur nach ihren Folgen beurteilt. Die Handlungen selber haben keinen moralischen Wert" (SE 61). Das stellt eine ähnliche Form der Vernunftkritik dar, wie sie Horkheimer mit seiner Kritik der instrumentellen Vernunft beabsichtigt. In der Tat: „Während die (so verstandene! – J.R.) Vernunft uns also sehr gut helfen kann, Mittel zum Erreichen unserer Ziele zu finden, kann sie über die Ziele selbst wenig aussagen" (HR 15).[101]

Dass die Maximierungsregel der Ökonomen mindestens so weit von dem tatsächlichen Verhalten der Menschen in der gesellschaftlichen Realität entfernt ist wie die Kantische Idee eines „Reich des Zwecke" von der Gesamtordnung vorfindlicher Gesellschaften, hat sich herumgesprochen. Die These, dass es sich bei der Strategie der Nutzenmaximierung als höchster Erscheinungsform des menschlichen Vernunftvermögens um eine anthropologische Konstante handele, wird inzwischen selbst von einigen jener die wirtschaftswissenschaftlichen Fachbereiche der Bundesrepublik beherrschenden Dogmatikern der Neo-Klassik als etwas extravagant angesehen. Nicht zuletzt Herbert Simon hat einen bekömmlichen Schuss Essig in diesen Wein gegossen: Er will, was nun gewiss keine „Idee" oder „kontrafaktische Annahme" mit nur kaum erkennbarer pragmatischer Tauglichkeit darstellt, ein „Verhaltensmodell begrenzter Rationalität" der Menschen entwerfen. Diesem Aktormodell zufolge „ist der Mensch nicht gezwungen, Entscheidungen

---

101 „Rationale Wahl ist instrumentell; sie wird vom Ergebnis der Handlung angeleitet" (NB 22). Rationalität ist gleich Zweckrationalität. Sie besagt: „Wenn du Y erreichen willst, unternehme X" (NB 113).

zu treffen, die unendlich weit in die Zukunft reichen, die die ganze Skala menschlicher Werte umfassen und bei denen jedes Problem mit allen anderen Problemen der Welt in Zusammenhang steht" (HR 29). Nicht „maximization" wie im Standardmodell, sondern „satisficing" bedeutet den Zielpunkt einer vernünftigen Praxis von Individuen und Gruppen. „Satisficing" bedeutet so viel wie: In einer Problemsituation reicht es in der deutlichen Mehrzahl der empirischen Fälle aus, mit dem jeweiligen Problem durch eine Praxis etwa nach dem Prinzip von Versuch und Irrtum einigermaßen klar zu kommen, um als vergleichsweise vernünftiger Mensch zu gelten. M.a.W.: Man kann mit Resultaten weit unterhalb des Optimums durchaus zufrieden sein und einen Erfolg genießen, der „vernünftiges" Vorgehen signalisiert.

Auch wenn die Sozialontologie der Spiel- und Entscheidungstheorien letztendlich *individualistisch* eingefärbt ist und sehr oft von der „libertäre(n) Illusion" geplagt wird, „Individuen seien eine Art Leibnizscher Monaden, kleine harte Kugeln, jede mit einer gleichbleibenden, von den anderen Monaden unabhängigen, nützlichen Funktion (oder Nutzenfunktion als Präferenzenordnung? – J.R.) und mit den anderen durch die Kenntnis der Marktpreise verkehrend" (HR 85), befassen sich ihre Anhänger durchaus auch mit solchen unbequemen Fragen wie der nach dem Altruismus und der Existenzweise sozialer Gebilde und kollektiver Handlungen (als Handlungen von Kollektiven, etwa einer Gewerkschaft oder einer ganzen sozialen Bewegung). „Gibt" es z.B. „den Staat"? Die Antwort strenger individualistischer Fassungen der utilitaristischen Kernvorstellung lautet: Nein! „Der Staat" ist nur ein Namen (Nominalismus), d.h.: ein brauchbares Kürzel für eine heterogene Mannigfaltigkeit von Handlungen einzelner Akteure sowie der Beziehungen zwischen ihnen? (Wobei „Beziehungen" nicht auf die Weise direkt beobachtbar sind, wie individuelles Verhalten nach streng empiristischen Kriterien eigentlich „beobachtbar" sein sollte. Um Gummibänder handelt es sich jedenfalls nicht). „Die elementare Einheit des sozialen Lebens ist die individuelle menschliche Handlung. Die Erklärung sozialer Institutionen und sozialen Wandels besteht darin zu zeigen, wie sie als das Resultat der Aktion und Interaktion von Individuen entstehen" (NB 13). Und der Maßstab zur Beurteilung des Vernunftstatus von Institutionen, Organisationen, Strukturen und Prozessen ist und bleibt „nichts anderes als der Nutzen oder die Glückseligkeit bei der Einschätzung alternativer Zustände oder politischer Maßnahmen" (IJ 282). An der Frage nach dem sozialontologischen Status kollektiver Gebilde sowie überindividueller Strukturen und Prozesse machen sich zahlreiche

Kritiken an der Spiel- und Entscheidungstheorie fest. Genau so kontrovers wird die Frage nach dem Verhältnis (a) von Vernunft und Gefühl sowie (b) Selbstinteresse und Altruismus diskutiert. Es gibt die Tendenz, „die Vernunft" dem Gefühl als Quell irrationalen Denkens und Handelns gegenüber zu stellen. Man denke etwa an die berühmte Handlungstypologie von Max Weber.[102] Sie stellt – etwas umgruppiert – in gewisser Hinsicht ein Rationalitätsgefälle dar. Ganz oben steht der reine Typus *zweckrationalen* Handelns, dann kommt das *wertrationale* (mit seinem im Grenzfall fundamentalistischen Glauben an den z.B. religiösen Eigenwert eines bestimmten Handelns), dann wäre an 3. Stelle (Weber setzt es an die vierte) eigentlich das *traditionale* Handeln zu erwarten, das von „eingelebten Gewohnheiten", im Grenzfall von einer „dumpf eingelebten Sitte" (reflexionsloser Traditionsorientierung) angeleitet wird. An der 4. Stelle wäre das von Weber sog. „affektuelle" oder „emotionale" Handeln zu verorten. Für diesen Handlungstyp ist das Streben nach der Befriedigung von Bedürfnissen kennzeichnend, „gleichviel", ob es sich – wie Weber sagt – Strategien „massiver" oder eher „sublimer Art" bedient. Gefühle werden auch in der Alltagswelt geradezu als der Gegenpol des überlegten Handelns angesehen. Jemand handelt „rein emotional" und damit unvernünftig. Aber nicht nur, dass es rationale Gefühle gibt – was ist etwa gegen Zuneigung einzuwenden? –, H. Simon hebt mit Fug und Recht hervor: „Eine Verhaltenstheorie der Rationalität, die den Fokus der Aufmerksamkeit als eine wesentliche Determinante von Entscheidungen behandelt, trennt weder das Gefühl vom menschlichen Denken, noch unterschätzt er in irgendeiner Weise die machtvollen Auswirkungen von Gefühlen auf die Zielsetzung der menschlichen Problembewältigung" (HR 41). Wenn es um das Verhältnis von Egoismus und Altruismus geht, wagt auch der Spiel- und Entscheidungstheoretiker Jon Elster einen kleinen Schritt aus dem vorherrschenden Rahmen der utilitaristischen Kernvorstellung heraus: Es gehört zu den anthropologischen Prämissen vieler Utilitaristen, dass auch das „altruistische Verhalten letztlich dem Selbstinteresse entspringt", weil das zweckrationale Handeln des selbstinteressierten Einzelnen „letztendlich durch die Lust (pleasure) motiviert ist, die es dem Akteur bringt" (NB 52 f.). Altruismus kann nützlich sein. Dagegen wendet Elster fast im Originalton eines Kantianers ein: „Einige (Handlungen) werden aus einem Gefühl der Pflicht heraus vollzogen und müssen keine Art der Lust im Gefolge haben" (NB 53). Aber wirklich ernsthaft – unter gleichzeitiger Beibehaltung

---

102 M. Weber: Wirtschaft und Gesellschaft. Grundriss der verstehenden Soziologie, zwei Halbbände (hrsg. v. J. Winckelmann), Köln/Berlin 1964, S. 17 (§ 2 der „Soziologischen Grundbegriffe").

von wichtigen Prinzipien des utilitaristischen Bezugsrahmens! – tritt erst Amartya Sen aus diesem Bezugssystem heraus. Wie jeder nicht von Schillers Rigorismusvorwurf gegen Kant zu sehr beeindruckte Kantinterpret, setzt er das Rationalitätsprinzip der deontischen Ethik, das Autonomieprinzip, woran die Würde der Subjekte gekoppelte ist, an die oberste Stelle von Vernunfturteilen.[103] Es stellt kein Triebunterdrückung rechtfertigendes Prinzip dar! Gleichwohl: „Es ist in der Tat möglich, zu akzeptieren, dass Freiheit eine Art der Priorität aufweisen muss, aber völlig ungezügelte Vorherrschaft (als Freiheit der Willkür! – J.R.) stellt nahezu mit Sicherheit eine" total überzogene Vorstellung dar (IJ 65). Auch er hält es für völlig unsinnig, die Kategorie der Freiheit nur den „freien Gesellschaften" der Moderne vorzubehalten. „Die Wertschätzung (valuing) von Freiheit bedeutete einen Kriegsschauplatz für Jahrhunderte, genau genommen: Jahrtausende, und es hat Unterstützer und Enthusiasten ebenso gegeben wie scharfe Verleumder" (IJ 227).

Gleichgültig, welche Phase man in der Entwicklungs- oder Elendsgeschichte der Idee der Freiheit und sich darauf berufender Freiheitsbewegungen anschaut, es scheint nicht besonders empfehlenswert, das Verhältnis von Zweckrationalität und dem Autonomieprinzip als Vernunftprinzip, also zwischen unbedingter Effizienz und der ebenso kontrafaktischen Idee unbedingter Willensfreiheit (etwa bei Hegel) als Dichotomie bzw. als strikte Disjunktion zu behandeln! Die utilitaristische Kernvorstellung und das Autonomieprinzip stehen oftmals in einem Gegensatz zueinander, wobei das Autonomieprinzip in der deontischen Ethik das höchste aller Vernunftprinzipien darstellt. Doch gleichzeitig könnte es keine maßgebende Rolle spielen, wären nicht die verschiedenartigen Bedingungen für individuelle Autonomie sowie zweckrationale (effiziente) Systeme des Handelns und der Organisation von sozialen Beziehungen nicht nur im Interesse elementarer Daseinsfürsorge sicher gestellt. Hegels – damit auch Adornos Vermittlungslogik – könnte dieser nur scheinbar logisch kontradiktorischen Konstellation am angemessensten sein.

Literaturverzeichnis

Th. W. Adorno: Drei Studien zu Hegel, Frankfurt/M 1963.
Th. W. Adorno: Einführung in die Dialektik, Frankfurt/M 2010.

---

103 Er wirft ausdrücklich die Frage auf, ob „das Vorteilsstreben, ob nun in einer direkten oder indirekten Form, die einzige robuste Basis für vernünftiges Handeln in einer Gesellschaft bereit stellt" (IJ 205).

J. G. Fichte: Grundlage des Naturrechts nach Prinzipien der Wissenschaftslehre, Hamburg 1979.

J. Habermas: Arbeit und Interaktion. Bemerkungen zu Hegels Jenenser >Philosophie des Geistes<, in ders.: Technik und Wissenschaft als >Ideologie<, Frankfurt/M 1968.

G. W. F. Hegel: Phänomenologie des Geistes, Hamburg 1952.

M. Horkheimer: Vernunft und Selbsterhaltung, Frankfurt/M 1970.

I. Kant: Kritik der Urteilskraft, in: Werke in sechs Bänden (hrsg. von W. Weischedel), Band V, Darmstadt 1960.

G. H. Mead: Geist, Identität und Gesellschaft, Frankfurt/M 1968.

S. Pufendorf: Über die Pflicht des Menschen nach dem Gesetz der Natur, Frankfurt/M und Leipzig 1994.

J. Ritsert: Sozialphilosophie und Gesellschaftstheorie, Münster 2004.

J. Ritsert: Moderne Dialektik und die Dialektik der Moderne, Münster 2011.

J. Ritsert: Theorie praktischer Probleme, Wiesbaden 2012.

B. Spinoza: Theologisch-politischer Traktat (Tractatus Theologico-Politicus), Hamburg 1994.

M. Weber: Wirtschaft und Gesellschaft. Grundriss der verstehenden Soziologie, zwei Halbbände (hrsg. v. J. Winckelmann), Köln/Berlin 1964.

Siglen

ÄT: Th. W. Adorno: Ästhetische Theorie, Frankfurt/M 1970.
DdA: M. Horkheimer/Th. W. Adorno: Dialektik der Aufklärung, Amsterdam 1947.
ER: A. Sen: Inequality Reexamined, New York 1992.
HR: H. Simon: Homo Rationalis. Die Vernunft im menschlichen Leben, Frankfurt/M 1993.
IJ: A. Sen: The Idea of Justice, London 2010.
KIV: M. Horkheimer: Zur Kritik der instrumentellen Vernunft, Frankfurt/M, 1974.
NB: J. Elster: Nuts and Bolts for the Social Sciences, New York 1989.
ND: Th. W. Adorno: Negative Dialektik, Frankfurt/M 1975.
Met: Aristoteles: Metaphysik, Stuttgart 1970.
NMD: J. Habermas: Nachmetaphysisches Denken. Philosophische Aufsätze, Frankfurt/M 1988.

ÖfM: A. Sen: Ökonomie für den Menschen. Wege zu Gerechtigkeit und Solidarität in der Marktwirtschaft, München 2002.
PT II: Th. W. Adorno: Philosophische Terminologie II, Frankfurt/M 1974.
SE: A. K. Dixit/B. J. Nalebuff: Spieltheorie für Einsteiger. Strategisches Know-How für Gewinner, Stuttgart 1995.
TKH I: J. Habermas: Theorie des kommunikativen Handelns, Band I, Frankfurt/M 1981.

MIX
Papier aus verantwortungsvollen Quellen
Paper from responsible sources
FSC® C105338

If you have any concerns about our products,
you can contact us on
ProductSafety@springernature.com

In case Publisher is established outside the EU,
the EU authorized representative is:
**Springer Nature Customer Service Center GmbH
Europaplatz 3, 69115 Heidelberg, Germany**

Printed by Libri Plureos GmbH
in Hamburg, Germany